다음 세대를 생각하는
인문교양 시리즈

KANDO O TSUKUREMASUKA ?

ⓒ Joe Hisaishi 2006
Edited by KADOKAWA SHOTEN
First published in Japan in 2006 by KADOKAWA CORPORATION, Tokyo.
Korean translation rights arranged with KADOKAWA CORPORATION, Tokyo
through BC Agency.

이 책의 한국어판 저작권은 BC 에이전시를 통한 저작권자와의 독점 계약으로 (주)샘터사에 있습니다.
저작권법에 의해 한국 내에서 보호를 받는 저작물이므로 무단전재와 복제를 금합니다.

나는 매일
감동을 만나고 싶다

히사이시 조가 말하는 창조성의 비밀

히사이시 조 지음 | 이선희 옮김

샘터

일러두기

1. 이 책의 모든 주는 옮긴이 주이며 괄호 안에 표기했습니다.
2. 영화, 잡지와 신문 등의 매체명, 노래 제목은 〈 〉로, 책 제목은 《 》로 표기했습니다.

나는 작곡가이다.
작곡가의 기본 명제는 '좋은 곡을 만드는 것'이다.
누군가 "작곡가로서 가장 중요하게 여기는 것은 무엇입니까?"라고
묻는다면 나는 잠시도 망설이지 않고
"계속 곡을 쓰는 것입니다"라고 대답할 것이다.

― 히사이시 조

| 여는 글 |

음악은 곧 나 자신이다

나는 작곡가이다. 외국에서는 작곡가를 '컴포저composer'라고 한다. 음악을 구성하는 사람이란 뜻이다. 그렇다. 내가 하는 일을 한마디로 표현하면 작곡가가 아니라 컴포저라고 할 수 있다.

영화음악을 만들 때의 과정을 살펴보자. 먼저 감독으로부터 이번에 이런 영화를 준비 중인데, 그에 어울리는 음악을 만들어 달라는 의뢰가 들어온다. 그러면 일단 시나리오를 읽어 본다. 미야자키 하야오宮崎駿(〈이웃집 토토로〉〈센과 치히로의 행방불명〉〈하울의 움직이는 성〉 등을 만든 일본의 애니메이션 감독) 감독의 작품처럼 애니메이션인 경우에는 그림 콘티를 본다. 그런 다음에 감독의 머릿속에 있는 이미지나 희망 사항 등을 듣는다. 그리고 주제는 무엇인지, 어떤 악기를 사용해서 어떤 곡조로 만들 것인지를 전체적으로 구상한다. 마지막으로 어떤 장면에 어느 곡을 몇 분 몇 초로 넣을 것인지, 몇 곡을 만들 것인지 협의한 다음 실제로 곡을 완성해서 녹음recording을 한 후, 믹스다운mix down(멀티트랙 녹음에서 적은 수의 트랙을 가진 녹음으로 옮기는 일)을 한다.

여기까지가 내 일이다. 즉 영화에 들어가는 모든 음악을 구성해야 한다. 하지만 내 멋대로 곡을 만들 수는 없다. 영화의 세계관과 어울려야 하기 때문이다. 영화의 전권을 쥐고 있는 사람은 어디까지나 감독이다. 감독이 "이 음악은 아니다"라고 말하면 내가 아무리 좋다고 주장해도 받아들여지지 않는다. 처음부터 다시 만들어야 한다.

그렇다고 감독이 말하고자 하는 이미지나 영상에 너무 집착해서도 안 된다. 감독의 이미지 안에서 무난한 작품을 만들면 작곡가로서 아무런 재미가 없지 않은가! 대부분의 감독은 풍부한 창조성을 가지고 있다. 그들은 자신의 내부에 있는 모든 창조 에너지를 쏟아부어 영화를 만든다. 따라서 영화음악을 만드는 사람도 그에 걸맞은 풍부한 창조성을 가지고 있어야 한다. 감독은 항상 자기 이미지의 껍질을 깨뜨려 줄 신선한 음악을 찾고 있기 때문이다.

미야자키 하야오 감독의 애니메이션 〈하울의 움직이는 성〉의 음악을 만들 때의 일이다. 메인 테마곡을 정할 때, 나는 그의 애니메이션에 어울리는 음악을 한 곡 준비했다. 그리고 한편으로는 작품의 세계관과 다르지 않을까 하는 불안을 껴안으면서도 내가 밀고 싶은 음악을 한 곡 더 만들었다. 미야자키 하야오 감독은 둘 중 후자를 선택했다. 그때의 기쁨은 말로 표현할 수 없을 정도였다.

창조력을 발휘해서 큰일을 하는 사람들은 예정조화豫定調和를 싫어한다. 그래서 나도 매번 진검승부를 해야만 한다. 그러기 위해서 모든 감각을 총동원하고 나 자신을 한계상황으로 몰아넣는다. 그래야만 일반적인 범주를 초월한 작품이 태어나는 것이다. 최전선에서 일하는 사람들과 함께 작업하는 것은 쉬운 일이 아니지만, 상상을 초월한 작품을 만들어 낼 수 있다는 장점이 있다. 이것이 바로 일의 재미가 아니고 무엇이랴.

흔히 '창조'의 기본은 '감성'이라고 한다. 창조와 감성이란 두 단어를 말로 설명하기는 쉽지 않다. 하지만 인간은 말을 매개로 해서 자신의 '생각'을 표현한다. 그렇다면 작곡가로서 일하는 나의 방법과 사고방식, 시점, 무의식 안에 잠들어 있는 감각 등을 말로 표현하면 투명하게 보이지 않을까?

자신의 생각을 표현하는 방법은 얼마든지 있다. 나는 지금 작곡 이외에도 여러 가지 일을 하고 있다. 피아노를 치기도 하고, 콘서트에서 오케스트라를 지휘하기도 한다. 또 이벤트의 프로듀서로 일하기도 하고, 영화감독이 되어 영화를 만들기도 한다. 음악 이외에 울타리를 넓히는 것도 중요하다고 믿기 때문이다. 이렇게 수많은 일을 통해서 사회와 관계를 맺는 사이에 내가 하는 일을 말로 표현해 보고 싶다는 생각이 들었다.

과연 내 생각을 이해하고 공감해 주는 사람이 있을까? 그런 불안이 없었던 것은 아니다. 하지만 어느 분야를 막론하고 창조의 세계에서 살아가는 사람이 추구하는 것은 근본적으로 똑같지 않을까? 하나의 목적을 위해 가장 좋은 결과가 나올 수 있도록 최선의 노력을 다하는 것, 좋은 의미에서 예상을 뒤엎을 수 있는 아이디어를 내는 것, 번뜩이는 아이디어를 위해 평소부터 감각을 연마하고 센스를 키우는 것, 이러한 것들은 비단 음악의 세계에만 국한된 것이 아니리라.

한 사람의 음악가로서 하루하루 악전고투하는 가운데 내가 어떻게 생각하고, 어떻게 일을 하는지 전함으로써 사람들이 "창조력이란 무엇일까?" "감성이란 무엇일까?"란 것에 조금이라도 더 가까이 다가갈 수 있다면 얼마나 좋을까? 그리고 그것을 자신의 일에 반영시킬 수 있다면 그보다 더 큰 기쁨은 없으리라.

| 차례 |

여는글 음악은 곧 나 자신이다 _ 6

1장. 감성과 마주하라

예술가와 비즈니스맨의 차이 _ 15
일류의 조건 _ 20
감독의 마음에 들기 위해 작곡하지는 않는다 _ 27
감성이란 무엇일까? _ 32
아이디어는 무의식 속에 번뜩인다 _ 38
그 자리의 분위기를 잡아라 _ 44

2장. 직감력을 연마하라

질보다 양으로 승부하라 _ 51
느끼는 힘을 연마하라 _ 55
컵을 보고 꽃병이라고 할 수 있는가! _ 61
직감은 행운을 끌어당긴다 _ 68
수준은 낮은 쪽으로 향한다 _ 73
실패의 원인은 내부에 있다 _ 76

3장. 영상과 음악의 공존

침묵을 두려워하지 말라 _ 83
상상력을 환기시키는 음악 _ 88
매번 마지막이라는 생각으로 진검승부한다 _ 94
세계관은 최초의 5분 안에 결정된다 _ 101
음악가로서의 가능성을 넓히는 영화음악 _ 106
프로의 일원이라는 자부심 _ 110
작품의 인격 _ 116
음악가의 시점으로 만든 〈쿼텟〉 _ 120

4장. 음악, 그 신비함에 대하여

음악은 기억의 스위치이다 _ 127
새로운 도전−나는 앞으로 무엇을 해야 할까? _ 133
너는 세계 제일이다 _ 139
최고의 청중은 나 자신이다 _ 144

5장. 창조성의 본질

전통악기는 뜨거운 감자 _ 151
후세에 전통을 어떻게 전할 것인가? _ 159
일의 의미는 스스로 발견해야 한다 _ 165
사람들에게 무엇을 전하고 싶은가 _ 170
감수성 그리고 강인한 힘 _ 178

6장. 시대의 바람을 읽는다

아시아에서 불어오는 바람 _ 183
혼돈 속에 있는 아시아 파워 _ 189
온리 원의 함정 _ 194
나는 끊임없이 새로워지고 싶다 _ 198

1장.

감성과 마주하라

예술가와
비즈니스맨의
차이

 창작하는 사람들에게는 두 가지 유형이 있다. 하나는 자신의 아이디어를 바탕으로 자신이 만들고 싶은 작품을 만드는 사람이다. 그들은 자신의 신념이나 가치관에 따라서 본인이 만족할 수 있는 작품을 추구한다. 그로 인해 때로는 다른 사람들이 이해할 수 없는 작품을 만들기도 하고, 하나의 작품이 완성될 때까지 오랜 시간을 허비하기도 한다. 그렇다 보니 필연적으로 채산성이나 생산성은 배제될 수밖에 없다. 우리가 흔히 말하는 '예술가'란 이 길을 걸어가는 사람을 가리킨다.

 또 하나는 사회의 일원으로서 창조적인 작품을 만드는 사람이다. 그들은 늘 수요와 공급을 의식하고, 사람들이 자신에게 원하는 것이 무엇인지를 항상 생각하며 그 안에 자신을 놓는다. 그러면 저절로 모든 것을 비즈니스 감각으로 포착하게 된다.

세상에 존재하는 대다수의 직업은 후자를 가리킨다고 할 수 있다. 현재 음악가로서의 나의 위치도 후자 쪽이다. 그렇다고 작곡을 오로지 비즈니스라고 여기는 것은 아니다. 가장 중요한 것은 뭐니 뭐니 해도 '창조성'이라는 것을 잘 알고 있다.

예술가가 되는 것은 특별히 어려운 일이 아니다. 작품의 내용을 별도로 치면, 그냥 자신이 정하면 되는 것뿐이다. 아무도 인정해 주지 않아도 자신만 납득하면 되지 않는가. 본인 입으로 "나는 예술가입니다"라고 말하는 순간부터 그 사람은 예술가이다. 극단적으로 말하면 지금까지 만든 작품이 하나도 없어도 된다.

그러나 비즈니스의 세계에서 창조적인 일을 하기 위해서는 아무리 본인 입으로 "나는 그 방면의 전문가입니다" "프로로서 자신이 있습니다"라고 말해 봐야 소용없다. 상대가 일을 주지 않으면 아무리 일을 하고 싶어도 할 수 없기 때문이다.

"이 사람은 제법 재능이 있을 것 같군. 한번 일을 시켜 볼까?"

"제법 괜찮은 것 같은데? 좋아. 어디 한번 맡겨 볼까?"

상대가 이렇게 생각하고 일을 맡기면 실제로 자신이 맡은 일에서 성과를 보여야 한다. 그리고 일을 잘했는지 못했는지 평가하는 사람은 본인이 아니라 일을 맡긴 사람이고, 세상의 수요이다. 많은 사람들의 마음을 사로잡기 위해서 일하는 것은 아니지만, 끊임없이 그것을 의식해야 한다. 항상 창조성과 수요 사이에서 고민하며 얼마나 창조적인 작품을 만들어 내느냐에 심혈을 기울여야 하는 것이다.

좋은 작품을 만들고 싶은 마음은 예술가나 비즈니스맨이나 똑같다. 한 가지 차이점이 있다면 그것은 삶의 가치와 의의를 어디에 두느냐 하는 것뿐이다.

나도 한때는 예술가로서 음악을 하던 시기가 있었다. 현대 음악에 심취해 있던 나는 대학 시절부터 서른 살이 될 때까지 사람들이 이해할 수 없는 음악을 추구했다.

현대음악이라는 장르 속에서 내 길이라고 선택한 것이 바로 전위예술이었다. 가령 미국의 작곡가 존 케이지John Cage의 〈4분 33초〉란 작품은 피아노 앞에 앉아 있다가 아무런 연주도 하지 않고 그냥 자리에서 일어선다. 또 글로보카르Vinko Glovokar(프랑스 출생의 유고슬라비아 작곡가)의 작품 중에는 무대 위에서 의자를 집어 던지는 우연성의 음악chance operation(작곡이나 연주에 우연성을 가미한 음악)도 있다. 음악의 다양한 가능성을 추구한 그들은 실험적인 시도를 많이 했던 것이다.

그 당시 내가 심취했던 것은 '미니멀리즘minimalism(2차 세계대전을 전후하여 나타난 단순함과 간결함을 추구하는 예술과 문화적 흐름)'의 '미니멀 뮤직minimal music'으로, 짧은 선율이나 리듬을 조금씩 변형시키며 몇 번씩 반복하는 것이었다. 거기에는 클래식 음악의 잃어버린 리듬이 있었고, 매력적인 하모니가 있었다. 그 음악을 처음 듣는 순간, 나는 온몸이 마비되는 듯한 충격에 휩싸이며 정신없이 빠져들었다.

하지만 음악대학을 졸업하고 10년쯤 지나는 사이에 꽉 막힌 공간에 갇혀 있는 듯한 폐색감閉塞感을 느끼며 내가 왜 음악을 하고 있는지 새삼스레 돌이켜 보게 되었다. 그동안 내 일상은 오직 한 가지밖에 없었다.

"어떻게 하면 내 음악을 이론화할 수 있을까? 어떻게 하면 다른 사람의 이론을 말로 무너뜨릴 수 있을까?"

모든 것은 내 음악적 실험을 전위예술로 정당화하기 위해서였다. 그것을 어떻게 음악이라고 부를 수 있으랴. 나는 원래 요령 있게 이것저것 모두 잘할 수 있는 성격이 아니다. 바늘이 흔들릴 때는 극단적으로 흔들린다. 그때도 그러했다. 그래서 나는 결심했다.

"예술가의 길을 버리고 앞으로는 되도록 많은 사람들이 들을 수 있는 폭넓은 음악을 하자! '거리의 음악가'가 되자!"

당시는 나이도 어린 데다 지금보다 외골수였기 때문에 그것과 병행해서 미니멀 뮤직을 만들면 된다는 생각은 눈곱만큼도 할 수 없었다. 그리고 의뢰만 들어오면 어떤 작품이든 가리지 않겠다는 마음으로 작곡을 하던 차에 〈바람 계곡의 나우시카〉의 음악을 만들어 달라는 요청이 들어왔다.

일단 미니멀 뮤직을 추구하는 예술가의 문은 닫았지만, 미니멀 뮤직의 감각은 다행히 영화음악이라는 장르에서 살릴 수 있었다. 그때 만약 예술가의 길로만 달려갔다면 아마 지금쯤은 다른 방식으로 살고 있으리라.

일류의
조건

"작곡가로서 가장 중요하게 여기는 것은 무엇입니까?"

누가 이렇게 물으면 나는 잠시도 망설이지 않고 "계속 곡을 쓰는 것입니다"라고 대답한다.

지금 내가 일하고 있는 분야는 엔터테인먼트 세계이다. 음악 장르로 말하면 대중음악인 팝pop에 속한다. 그러면 많이 팔리기만 하면 되는 것일까? 내 목적은 히트곡을 많이 만드는 것일까? 그것을 완전히 부정할 수는 없다. 하지만 많이 팔리는 것에만 가치를 둔다면 음악가로서의 인생이 너무도 서글프지 않을까.

나의 기본적인 생각은 완성도 높은 '좋은 음악'을 만드는 것이다.

그 결과 많은 사람들이 좋아하면 더할 나위 없이 기쁘다.

　자신이 만들고 싶은 작품만 만들기 위해서는 그 분야를 직업으로 삼지 않는 편이 좋다. 만약 내 목표가 순수하게 만들고 싶은 음악만 만드는 것이라면 작곡가란 직업을 선택하지 않았을 것이다. 아마도 그랬다면 학교 음악선생으로 일하면서 1~2년에 걸쳐 교향곡symphony 하나를 만들지 않았을까?

　창조하는 일을 직업으로 삼기 위해서는 좋은 작품을 한두 가지 만들어서는 안 된다. 평생 한 작품이라면 누구라도 좋은 작품을 만들 수 있다. 좋은 소설도 쓸 수 있고, 좋은 영화도 찍을 수 있다. 그 방면에 필요한 기술을 배워서 진심으로 도전하면 어떤 사람이라도 훌륭한 작품을 만들 수 있는 것이다. 하지만 일은 '점點'이 아니라 '선線'이다. 집중해서 아이디어를 내고 새로운 작품을 만들어 내는 창조적인 작업을 끊임없이 해낼 수 있느냐 없느냐. 중요한 것은 바로 이것이다. 이렇게 할 수 있다면 작곡가나 소설가, 영화감독이라는 타이틀을 내걸고 살아갈 수 있다.

　프로란 계속해서 자신을 표현할 수 있는 사람을 말한다. 구체적으로 말하면 프로로서 일류이냐 이류이냐의 차이는 자신의 역량을 계속 유지할 수 있느냐 없느냐에 달려 있다고 해도 과언이 아니다.

　가령 이류 오케스트라가 있다고 하자. 그 오케스트라에 대단히 유능한 지휘자가 나타나서 모든 단원의 마음을 장악했다. 그 이후 힘든 훈련을 거듭하면 최고의 오케스트라에 뒤지지 않는 훌륭한 연주를 할 수 있다. 집단이 결속해서 힘을 모으면 어느 누구도 예상하지 못한 힘을 발휘하는 법이다. 따라서 이류였던 그들도 얼마든지 찬사를 받을 수 있는 멋진 연주를 할 수 있다. 그렇다고 그들이 곧바로 이류에서 탈피해 일류가 될 수 있는 것은 아니다.

문제는 일 년 내내 언제 어디서든 그런 힘을 발휘할 수 있느냐가 아닐까? 지휘자가 바뀌었을 때 연주 수준이 현저하게 떨어지거나 항상 똑같은 집중력을 유지할 수 없다면 그들은 역시 이류에서 벗어날 수 없다.

레스토랑이나 초밥가게, 라면가게도 마찬가지이다. 항상 안정된 좋은 맛을 제공할 수 있는 식당은 일류라고 할 수 있다. 그러나 어느 때는 대단히 맛있지만, 어느 때는 그렇지 않은 이류 식당은 결국 문을 닫게 된다. 일류란 언제 어디서든 높은 수준의 기량을 발휘할 수 있는 사람인 것이다.

작곡가의 기본 명제는 '좋은 곡을 만드는 것'이다. 일정한 수준의 곡을 계속 만들기 위해서는 그 순간의 자기 기분에 의존하지 말아야 한다. 인간인 이상 당연히 컨디션이 좋은 날도 있고 나쁜 날도 있다. 그리고 컨디션과 몸의 상태, 주변 환경 등이 어우러져서 그 날의 기분을 만든다. 그런데 기분에 몸을 맡기면 어떻게 될까? 기분이 내키면 좋은 곡을 만들 수 있고, 반대로 기분이 내키지 않으면 좋은 곡을 만들 수 없다. 따라서 창작하는 사람에게 기분에 자신을 맡기는 것은 매우 위험한 일이라고 할 수 있다.

이를테면 재즈 연주가의 일은 매일 라이브로 즉흥연주를 하는 것이다. 따라서 좋은 연주를 할 수 있느냐 없느냐의 문제가 흥이 나느냐 나지 않느냐에 따라 좌우될 가능성이 크다.

어느 날, 객석에 있는 아름다운 여성을 보고 기분이 좋아져서 멋진 연주를 할 수 있었다고 하자. 그렇다면 다음 날에도 그렇게 할 수 있을까?

순간적인 기분에 의존하면 연주가가 갖추어야 할 적당한 긴장감을 계속 유지할 수 없다. 더구나 일 년에 100~200번 이상의 라이브 연주를 계속하면 연주 자체에서 자극을 느낄 수 없게 된다. 그러면 무의식중에 기분을 끌어올리기 위한 자극에 손을 대게 된다. 예전에는 자신도 모르게 마약에 손을 대는 재즈 연주가가 적지 않았다. 물론 모든 재즈 연주가가 그렇다는 말은 아니다.

이것은 매우 극단적인 사례로 음악성의 밑바탕을 기분에 의지하면 그런 위험성이 존재한다는 뜻이다.

기분은 감성의 핵심이 아니다. 그것을 착각해서는 안 된다. 일정한 수준의 곡을 계속 만들기 위해서는 순간적인 기분의 파도에 휩쓸려서는 안 된다. 내 머릿속에는 항상 이런 의식이 깊숙이 뿌리내리고 있다.

프로는 창조적이어야 하고 동시에 한꺼번에 많은 일을 해내는 능력을 가지고 있어야 한다. 그러기 위해서는 주변 환경이나 기분의 파도에 휩쓸리지 않도록 해야 한다. 나는 곡을 만들 때 생활면에서도 일정한 페이스를 유지하기 위해 끊임없이 노력한다. 최대한 규칙적이고 담담하게 살려고 노력하는 것이다.

영화음악은 보통 영화 한 편에 거의 20~30곡을 만들어야 한다. 기간은 보통 한 달 정도이다. 영화음악을 만들어 달라는 의뢰가 들어오는 경우, 나는 우선 마감 기한 내에 완성시키기 위해서는 매일 어느 정도의 페이스로 일을 해야 하는지부터 생각한다. 대부분 주어진 시간이 짧기 때문에 오늘은 기분이 내키지 않아서 곡을 만들 수 없다는 식으로 느긋하게 대처할 수 없다.

기분이 내키든 내키지 않든, 컨디션이 좋든 좋지 않든 꾸준하게 일하지 않으면 마감 기한을 맞출 수 없다. 다소 기분이 내키지 않아도, 다소 컨디션이 좋지 않아도 페이스를 무너뜨리지 않고 계속 일해야 하는 것이다.

〈하울의 움직이는 성〉의 음악을 만들 때는 작곡에 집중하기 위해 고부치사와 小淵澤 스튜디오에 틀어박혀 있었다. 그 당시 일과는 다음과 같았다.

- 아침 9시 45분, 휴대전화 알람소리에 일어난다.

- 커피를 마시고 10시부터 약 한 시간 동안 주변에 있는 산들을 산책한다.
- 11시 반 정도에 브런치를 먹는다.
- 샤워를 하고 12시가 지나면 스튜디오로 들어간다.
- 오후 6시까지 작곡에 몰두한다.
- 오후 6시에 저녁 식사를 한다. 배가 고프든 고프지 않든 억지로 저녁을 먹는다.
- 7시 반에 다시 스튜디오 안으로 들어가서 밤 12시나 1시까지 작곡에 몰두한다.
- 예민해진 신경은 알코올로 풀고, 몸의 긴장은 스트레칭으로 푼다.
- 침대에 들어가서 책을 읽다가 새벽 3시 반이나 4시경에 잠든다.

마음만 먹으면 저녁 식사를 하지 않고 밤을 꼬박 새운 뒤 다음 날 아침까지도 일할 수 있다. 하지만 한 번 그렇게 하면 몸에 무리가 가서 다음 날의 효율이 떨어질 수밖에 없다. 마라톤 선수와 마찬가지로 장거리를 달리기 위해서는 페이스를 무너뜨리지 말아야 한다. 일정한 페이스로 일에 집중할 수 있는 환경을 만들고 마음가짐도 갖추어 놓으면 기분의 파도에 상관없이 계속해서 일할 수 있다.

3관편성(플루트, 오보에, 클라리넷, 파고토 각각 2개씩의 기본형에 파생 악기를 곁들인 것)의 풀 오케스트라 곡을 열흘 만에 11곡이나 완성한 기적은 이렇게 해서 만들어졌다. 〈하울의 움직이는 성〉의 작곡은 신이 내 몸속에 들어왔다고 여길 만큼 이상적 작업방식 속에서 이루어졌다. 다만 매번 이렇게 잘 되는 것은 아니다.

감독의 마음에 들기 위해 작곡하지는 않는다

"사람들을 기쁘게 만들고 싶다."

"사람들을 위한 음악을 만들고 싶다."

작곡을 할 때는 항상 이렇게 생각하지만, 이 말이 곧 사람들의 평가를 의식한다는 말은 아니다. 음악으로 사람들에게 감동을 안겨 주는 일은 의외로 쉽지 않다.

"멜로디가 너무도 아름다워서 저도 모르게 눈물을 흘렸어요!"

"가슴이 먹먹해질 만큼 감동했습니다!"

사람들은 내가 만든 음악을 듣고 종종 이렇게 말한다. 물론 대단히 영광스럽기는 하지만, 그것은 내가 만든 음악의 결과물에 지나지 않는다. 처음부터 사람들을 감동시키겠다든지, 아름다운 멜로디를 만들어서 사람들을 울게 하려고 한 것은 아니다. 내가 만든 음악을 어떻게 받아들이느냐 하는 것은 그 사람의 자유이다.

영화음악을 만들 때도 마찬가지이다. 나는 감독의 마음에 들기 위해 곡을 만든 적은 한 번도 없다.

"이 영상에 맞는 음악을 만들자."

"이 작품에 필요한 음악을 만들자."

영화음악 작업에 들어갈 때 내 머릿속에 있는 것은 오직 이런 생각뿐이다. 아마 영화감독도 자신의 취향에 맞느냐 맞지 않느냐는 생각은 일체 하지 않으리라. 단지 그 영화의 세계와 맞느냐 맞지 않느냐 하는 관점에서 포착하지 않을까? 중요한 것은 그 영화에 정말로 필요한 음악을 제공하느냐, 그리고 나 자신이 그 목적을 달성할 수 있느냐 하는 것이다. 그렇게 해서 만든 작품을 영상작가인 감독이 마음에 들어 하면 "아아, 다행이다"라고 안도의 한숨을 내쉬게 된다. 그리고 그 작품이 세상에 나왔을 때 많은 사람들이 좋아하면 "이 작품을 만들기를 정말 잘했다"라고 입가에 흐뭇한 미소가 배어 나온다.

결과란 그런 것이다. 처음부터 감독이나 관객의 마음에 들기 위해 음악을 만드는 것은 아니지만, 최선을 다해 만든 음악이 감독이나 관객을 만족시키면 나 역시 숨이 막힐 만큼 가슴이 벅차오른다.

같은 맥락으로 본다면 샐러리맨도 마찬가지가 아닐까? 이 세상에 상사의 마음에 들기 위해 일하는 사람이 몇이나 있을까? 그런 곳에 일의 의의를 둔다면 자신이 너무 초라해 보일 것이다.

좋은 작품을 만드는 것과 완성된 작품이 사람들에게 높은 평가를 받는 것, 이 두 가지는 일맥상통하면서도 근본적으로 다르다. 프로는 사람들의 요구에 상관없이 자기 마음대로 일을 해서는 안 된다. 그렇다고 사람들의 요구에 영합해서도 안 되는 것이다.

창조적인 일을 하거나 표현하는 사람은 조금 독특해도 개성이라고 여기고, 일반 사람들과 감각이 달라도 순순히 받아들여 주는 일이 많다.

"그 정도는 괜찮아, 그 사람은 아티스트이니까……."

사회인으로서 상식의 틀에서 벗어나도 이 한마디면 모든 사람이 납득한다.

예전에 어느 라디오 프로그램의 사회를 맡았을 때 게스트로 요로 다케시養老孟司(일본의 석학, 의학박사. 지은 책으로는 《바보의 벽》 《죽음의 벽》 등이 있다) 씨가 출연한 적이 있었다. 그때 그는 매우 흥미로운 이야기를 했다.

"그림을 그리는 사람 중에는 독특한 사람이 많은데, 거기에는 다 이유가 있습니다."

그의 말에 따르면 시간축과 공간축 안에서 만들어지는 것은 모두 논리적 구조를 가지고 있다고 한다. 무슨 뜻이냐 하면, 가령 말은 '아' 자만으로는 의미를 이루지 못한다. '아버지'나 '아침'처럼 다른 말과 이어져야만 비로소 의미를 가진다. 책도 문자, 단어, 문장 그리고 문맥의 연속성에 의해 만들어진다. 음악도 '도' 음만으로는 아무런 의미가 없다. '도미솔'로 음이 이어지지 않으면 음악이 되지 않는다. 영화도 하나하나의 영상장면이 이어져야만 비로소 의미를 가진다. 즉 음악과 문학, 영화 등 시간의 경과 위에 있는 것은 모두 논리적 구조를 가지고 있다는 뜻이다.

하지만 그림은 눈으로 본 순간, 그 작품에서 표현하고 싶은 것이 무엇인지 알 수 있다. 순간적으로 세계를 표현하는 힘을 가지고 있는 것이다. 즉 시간의 경과를 동반하지 않기 때문에 논리보다는 감각에 직접 호소한다. 그래서 그림을 그리는 사람 중에는 행동이나 사고방식에서도 감각이 먼저 튀어나오는 사람이 많다는 것이다. 그러고 보니 상식의 틀에서 벗어나 자유롭고 독특하게 사는 사람들 중에는 미술과 관련된 사람이 많은 듯하다. 이를테면 자신의 귀를 잘라낸 고흐라든지……. 하지만 바그너도 뇌매독에 걸렸다는 설이 있는 만큼 정확한 것은 알 수 없다.

그 당시 요로 다케시 씨는 나에게 이렇게 말했다.

"음악가 중에는 논리적으로 생각하는 사람이 많은데, 당신은 정말로 정상이군요."

사회자로서 시간을 정확히 지키며 진행했기 때문일지도 모르지만, 이야기의 맥락으로 볼 때 나는 그의 말을 좋은 의미로 받아들였다. 하지만 '정상'이라는 말은 창조적인 일을 하는 사람에게 공포의 칼날이 되기도 한다. 가령 내게 영화음악을 부탁한 감독에게 완성된 곡을 들려주었다고 하자.

"이번 작품의 테마곡은 이걸로 하려고 하는데 어떠십니까?"

그때 감독이 "정상적이군요"라고 말하면 나도 모르게 등줄기가 오싹해지리라. 그것은 "의외성이 없군. 창조성이 부족해"라는 말과 다름없기 때문이다. 정상적인 것이 좋을 때도 있고 나쁠 때도 있는 것이다.

감성이란
무엇일까?

"창조적인 일을 할 때 가장 중요한 것은 감성이다."

세상에는 이렇게 말하는 사람이 많은데, 과연 감성이란 무엇일까? 사람들은 막연한 이미지만으로 감성이란 말을 지나치게 중요시하는 듯하다. 정확한 뜻도 모르면서 어쨌든 중요하다고 여기며 제단 위에 올려놓고 섬기는 것이다. 그런데 정작 감성의 실체를 아는 사람은 얼마나 될까?

감성이라는 말로 포장된 것을 냉정하게 분석해 보면 그 사람이 가지고 있는 감각적인 것도 있지만, 나는 오히려 그 사람의 뼛속 깊이 새겨져 있는 것이 아닐까 하고 생각한다.

나는 작곡가로서 늘 새로운 발상과 함께 내 힘으로 창작하고 있다는 의식을 가지고 있다. 하지만 실제로 곡을 만들 때는 과거의 경험과 지식, 지금까지 들어 온 음악, 작곡가로서 체득한 방법, 사고방식 등 모든 것이 총동원된다. 여러 가지 형태로 내 안에 축적된 것들이 있기 때문에 지금과 같은 창작활동을 할 수 있는 것이다. 만약 내가 클래식을 배우지 않았다면, 또는 미니멀 뮤직의 영향을 받지 않았다면 내 음악 스타일은 지금과 달랐으리라.

"창작은 감성이다."

이렇게 단언하는 편이 창작하는 사람으로서 폼은 나겠지만, 유감스럽게도 내 독자적인 감각만으로 제로에서 새로운 것을 만들어 내는 일은 있을 수 없다. 나는 막연한 감성만으로 창작을 하는 것이 아니기 때문이다.

작곡을 하기 위해서는 논리적 사고와 감각적 번뜩임이 모두 필요하다. 논리적 사고의 근간이 되는 것은 내 안에 있는 지식이나 체험 등의 축적이다. 무엇을 배우고 무엇을 체험해서 내 피와 살을 만들었는가 하는 것이 논리성의 밑바탕에 깔려 있다. 사실 감성의 95퍼센트는 이것이 아닐까?

논리적으로 생각하면 일정 수준에 도달하는 작품은 언제라도 만들 수 있다. 기분이 내키느냐 내키지 않느냐에 관계없이 정상적으로 일을 하면 나름대로 성과를 올릴 수 있는 것이다. 하지만 문제는 그것만으로는 창작을 하고, 작곡을 할 수 있는 것이 아니라는 점이다. 가장 중요한 요소는 나머지 5퍼센트에 있기 때문이다. 그것은 바로 창작하는 사람의 '센스', '감각적 번뜩임'이다. 창작에 독창성을 부여하는 것, 그 사람이 아니면 맛을 낼 수 없는 향신료 같은 것. 이것이야말로 '창조력의 핵심'이라고 할 수 있지 않을까?

창작을 할 때 가장 중요한 것은 역시 '직감'이라고 나는 생각한다. 어떻게 하면 좋은 작품을 만들 수 있을까 하는 판단은 직감에 의존할 수밖에 없다. 뛰어난 직감이 얼마나 작품을 멋지게 만들 수 있느냐, 얼마나 창조적으로 만들 수 있느냐 하는 열쇠를 쥐고 있는 것이다.

그런데 더 깊숙이 파고들면 사실 직감을 연마하는 것은 과거의 체험이다. 창작을 한다는 것은 여기부터 여기까지는 논리적 사고이고 여기부터는 독자적 감각이라고 구분할 수 있는 것이 아니라, 내부에 있는 것을 전부 뭉뚱그린 혼돈 속에서 자기 자신과 마주하는 것이다. 논리나 이성이 없으면 사람들이 이해할 수 있는 작품을 만들 수 없지만, 모든 것을 머리로만 정리하면 사람들의 마음을 뒤흔드는 작품을 만들 수 없다.

질서정연하게 생각할 수 없는 곳에서 괴로워하고 발버둥 치며 필사적으로 무엇인가를 만들어 내려고 한다. 그런 다음에 '어떻게든 만들어 보자' '이렇게 해보자'라는 작위적인 생각이 의식에서 떨어져 나가면, 그때야말로 사람들을 감동시킬 수 있는 작품이 태어나는 것이 아닐까?

앞에서 논리적 사고와 감각적 번뜩임의 비율을 95퍼센트 대 5퍼센트라고 말했지만, 이것은 내가 처한 상황에 따라서 조금씩 달라진다. 나 자신의 부족함을 느끼고 많은 것을 보거나 들어서 경험을 축적해야 한다고 통감할 때는 그쪽의 비중이 늘어나서 지식이나 경험의 축적이 99퍼센트를 차지할 때도 있다.

반대로 작곡에 들어가서 고통과 괴로움의 소용돌이 속에 있을 때는 '축적만으로 곡을 만들 수 있다면 이렇게 고생하지 않을 텐데. 역시 중요한 것은 번뜩임이야'라고 생각한다. 이처럼 논리적 사고와 감각적 번뜩임 사이에서 끊임없이 흔들리는 것이 현실이다. 그러나 그 순간의 핵심을 정확히 포착하면, 나 자신이 납득할 수 있는 작품으로 완성할 수 있다.

그 핵심을 포착하기는 결코 쉽지 않다. 문제는 그 순간의 감각과 번뜩임을 어떻게 잡느냐 하는 것이다. 창조적인 분야에서 일하는 사람이라면 누구나 이런 문제로 고민에 고민을 거듭하리라. 나 또한 그로 인해 매일 머리를 싸매고 고민하고 있다.

앞에서도 말했듯이 영화음악이나 광고음악을 만들어 달라는 의뢰가 들어오면 나는 맨 처음 대본부터 읽는다. 그런 다음에 감독을 만나서 그 작품을 영상으로 어떻게 표현하고 싶은지 이야기를 듣는다. 나는 일을 할 때 이 단계에서 받은 첫인상을 매우 중요하게 생각한다.

그때 구체적인 멜로디가 떠오를 때도 있고, 그저 분위기만 느낄 때도 있다. 광고음악을 만들 때 종종 있는 일이지만 '날카롭고 뾰족한 느낌'이라든지, '둥글고 부드러운 이미지'라든지, 색깔로 말하면 '희미한 파스텔 톤의 분위기' 등 첫인상에서 음악과 직결되지 않는 이미지를 느끼는 경우가 있다. 반면에 확실한 비주얼이 눈앞에 떠오르는 경우도 있다.

어쨌든 나는 처음에 느낀 이미지를 흘려버리지 않고 자료 뒤에 메모해 둔다. 대본을 읽는 사이에 멜로디가 떠오르면 대본 뒤에 재빨리 오선을 그리고 멜로디를 적기도 한다. 그러나 멜로디가 떠올랐다고 해서 그것을 그대로 사용하는 것은 아니다.

"이번 콘셉트는 이러하니까 이런 식으로 만드는 게 좋지 않을까?"

"이번에는 이 리듬을 사용하는 게 어떨까? 이 악기를 사용하는 게 좋지 않을까?"

이런 식으로 나중에 실제로 곡을 만들 때, 맨 처음 떠오른 멜로디가 도움이 되는 일이 적지 않다.

많은 시간에 걸쳐 여러 가지를 모색하다 보면 만들어야 할 것이 똑똑히 보이는 경우도 있고, 반대로 계속 미로를 헤매는 경우도 있다. 방향성을 잃고 우왕좌왕할 때 나는 맨 처음에 느낀 이미지로 되돌아간다. 너무 많이 생각한 탓에 잃어버리는 것도 있기 때문이다. 그런 때는 "이번 작업에서 상대가 원하는 것은 무엇인가? 나는 그것을 맨 처음에 어떻게 받아들였는가?" 하는 곳으로 돌아가는 편이 가장 좋다.

그런데 맨 처음 떠오른 멜로디는 까맣게 잊어버렸지만, 이런저런 시도를 하는 사이에 다시 최초의 이미지로 돌아가는 일도 있다. 그런 때는 나도 모르게 입가에 미소가 배어 나오곤 한다. 더구나 그런 일은 의외로 적지 않다.

아직 "좋은 작품을 만들자"라는 쓸데없는 관념에 지배당하지 않은 만큼 첫인상은 가장 순수한 느낌이라고 할 수 있다. 따라서 첫인상에서 좋은 작품이 나오는 일은 결코 드물지 않다.

괴테도 말하지 않았던가!

"감각은 속이지 않는다. 속이는 것은 항상 판단이다!"라고 말이다.

아이디어는
무의식 속에
번뜩인다

지금까지 내 경험으로 보면 직감의 번뜩임이라는 것은 아무래도 무의식 속에 나타나는 일이 많은 듯하다. 무의식이라고 해서 아무 생각도 하지 않는 것이 아니라, 어떤 작품을 만들지 죽을힘을 다해 머리를 짜내고 정열을 쏟으며 자신을 철저하게 궁지로 몰아넣는 가운데 잠재의식 속에서 항상 그것에 대해 몰두하다 보면 문득 아이디어가 떠오르는 법이다. 그런 경우에 정해진 패턴은 없다. 언제, 어떤 방법으로, 어떤 번뜩임이 떠오르느냐 하는 것은 경우에 따라서 전부 다르다.

〈이웃집 토토로〉에 나오는 〈산책〉의 정감 있는 멜로디가 떠오른 것은 목욕탕의 욕조 안이었다. 때로는 샤워할 때 별안간 떠오르는 일도 있다. 그리고 밥 먹을 때, 침대에 들어가서 자려고 할 때, 화장실에서 볼일을 볼 때, 수영장에서 헤엄칠 때, 친구와 술을 마실 때, 집에 가려고 택시를 탔을 때…….

아이디어는 골똘히 생각할 때보다 일상생활을 하다가 문득 떠오르는 경우가 많다. 더구나 그 속에 파묻혀서 머리를 감싸고 고민할 때보다 일상적인 생활을 할 때 떠오르는 아이디어가 훨씬 더 좋다.

머릿속으로 어떤 곡을 만들겠다고 계획하는 단계는 어디까지나 입구에 지나지 않는다. 작곡의 본질은 무의식의 세계로 파고들어 혼돈 속에서 자신도 상상하지 못한 자기 자신을 만나는 것이다. 즉 좋은 곡을 만들겠다는 의식이 강할 때는 아직 머리로 생각하는 단계에 지나지 않는다.

머릿속에 떠오른 아이디어는 그때그때마다 적어 두고, 스튜디오에 들어가 구체적인 곡으로 마무리한다. 그런 와중에 "아니야, 이건 이번 작품에 맞지 않겠군" 하는 것도 있다. 그러나 마무리하는 도중에 "이거 괜찮을 것 같은데"라는 확신이 생기면 내 입가에는 미소가 끊이지 않고 가슴은 연신 쿵쾅거린다. 이것은 매우 좋은 징조인 것이다.

기타노 다케시北野武 감독의 영화 〈BROTHER〉의 음악을 만들 때 이야기이다. 이 영화의 세계관을 느끼기 위해 나는 로스앤젤레스의 촬영 현장에 직접 가서 어떤 음악을 만들지를 생각했다. 당시 작곡에 들어가기 전까지만 해도 전기기타와 오케스트라의 협연으로 하기로 결정하고, 실제로 녹음을 할 때를 대비해 일류 기타리스트의 일정을 확보하기도 했다.

그런데 작곡에 들어간 지 이틀 만에 갑자기 "이건 아니야. 기타가 아니야"라는 생각이 온몸을 휘감았다. 그리고 다음 순간, 놀랍게도 영감이 솟구치기 시작했다. 결국 완성된 작품은 재즈 음악과 이국적인 리듬감이 가미된 곡으로, 트럼펫보다 약간 음색이 부드러운 플루겔혼fluegelhorn과 오케스트라의 협연이었다.

돌이켜 생각해 보니 이미지를 그리던 단계에서는 "이렇게 하면 분명히 좋은 작품을 만들 수 있다"라는 범주에 지나지 않았다. 그 밑바탕에는 유명한 기타리스트를 섭외하면 화제를 불러일으킬 수 있다는 비즈니스적인 계산이 깔려 있었을지도 모른다. 하지만 머릿속으로 생각한 것과 내가 실제로 만들고 싶은 것은 전혀 다르다. 그것은 오른쪽 입구로 들어가느냐 왼쪽 입구로 들어가느냐 하는 것만큼 다른 것이다.

그렇다고 내 안에 있는 무엇인가가 180도 달라진 것은 아니다. 그 영화를 위해 좋은 음악을 만들고 싶다는 목표는 똑같다. 다만 도달점을 향해 나 자신을 궁지에 몰아넣었을 때 눈에 들어온 경치가 달랐던 것이다.

만들고 싶은 작품의 모습이 처음부터 확실히 눈에 보이는 경우는 많지 않다. 오히려 도중에 다른 길로 바뀌는 경우가 더 많다.

〈BROTHER〉의 음악을 담당했을 때는 내 직감이 "이쪽이 아니다! 저쪽으로 가자!"라고 외쳤다고밖에 표현할 길이 없다. 머릿속의 생각을 뛰어넘는 작품이 태어난다는 것은 이런 것이다. 이 번뜩임을 제대로 잡을 수만 있다면 그 작품은 반드시 성공한다.

한 인간의 개성에는 수많은 요소가 뒤얽혀 있다. 감각적인 부분도 있고, 이론적인 부분도 있다. 세속적인 부분도 있고, 지성적인 부분도 있다. 나 자신이 좋아하는 부분도 있고, 치를 떨 만큼 싫어하는 부분도 있다. 이것이야말로 나만의 독특한 '맛'이라고 자신 있게 말할 수 있는 부분도 있고, 나의 약점임을 깨닫고 저절로 고개가 숙여지는 부분도 있다. 창작의 묘미는 이렇게 다양한 면을 겸비한 자신을 총동원하면서도 본인의 의식을 한 꺼풀 벗겨낸 곳에 있는 것이 아닐까?

그러기 위해서는 작품을 만들 때마다 자신의 한계에 도달해야 한다. 자신의 한계에 도달하지 않으면 새롭고 매력적인 작품을 만날 수 없기 때문이다. 자신이 생각하는 범주 안에서만 승부하면 평범한 작품밖에 만들어 낼 수 없지 않을까?

미로 속에서 소리를 발견하는 기쁨! 음악가에게 이보다 더 큰 기쁨이 어디 있으랴. 작곡할 때 내가 만든 음악이 '확신으로 바뀌는 순간'이 있다. 앞에서 말한 전기기타에서 플루겔혼으로 바뀐 것이 좋은 사례이다. 곡을 만드는 과정에서 눈앞이 탁 트인 듯한 느낌을 받는 순간이 있다. 그 순간이 언제 찾아오는지는 아무도 모르지만, "좋아!"라고 생각한 후 "뛰어넘었다"라고 느끼는 순간이 찾아온다. 그것은 '납득이 되는 순간'이라고 표현할 수도 있으리라. 작곡에 들어간 순간부터 이런 확신으로 바뀌는 순간까지가 가장 괴롭다. 그동안은 계속 자문자답의 연속이다.

"이것으로 될까?"

"그래, 괜찮아. 이상한 데는 어디에도 없잖아?"

"하지만 가슴으로 느껴지는 게 없어……."

"이론적으로도 잘못된 것은 없어. 이걸로 충분해. 멜로디도 괜찮잖아?"

여기까지는 아직 납득이 되지 않은 단계이다. 이론적으로 자신을 납득시키려고 해도 소용없다. 영화음악을 20곡 모두 만들어도 충분하다는 느낌을 얻을 수 없는 경우가 있다. 그러면 괴로운 상황을 타개하기 위해 예전에 좋아했던 음악을 들어 보거나 술을 마시며 기분을 전환하는 등 이를 악물고 발버둥을 쳐본다. 하지만 확실한 효과가 있는 방법은 아직까지 발견하지 못했다.

최근에 얻은 결론은 계속 생각하는 수밖에 없다는 것이다. 생각하고 또 생각해서 나 자신을 극한상황에 이를 때까지 몰아가는 수밖에 없지 않을까. 머릿속에 한줄기 밝은 빛이 비치는 순간을 받아들일 수 있도록 모든 정열과 시간을 쏟는다. 갑자기 떠오른 영감을 받아들일 수 있도록 늘 준비하는 수밖에 없는 것이다. 그때까지는 매번 괴로운 상태가 이어진다.

한 번 문이 활짝 열리면 그다음은 순조롭다. 아무리 만들어야 할 곡의 수가 많아도, 아무리 시간이 없어도 정신을 집중하고 앞으로 돌진할 수 있다. 한 번 문이 열리면 모든 것이 깨끗하게 보인다. 그때 완전히 다른 작품이 되는 일도 있지만, 여분의 소리를 잘라내고 산뜻하게 만든다든지 한 부분을 고친다든지 해서 조금만 바꾸면 되는 일도 있다. 그렇게 조금만 수정해도 완전히 다른 작품으로 탈바꿈한다. 그제야 겨우 내 작품이 되는 것이다.

내 음악의 첫 번째 청중은 나 자신이다. 따라서 내가 흥분할 수 없는 작품은 사람들 앞에 내놓을 수 없다. 내가 좋아하고 감동할 수 있는 작품이 아니면 사람들의 마음을 움직이고 감동시키는 것은 도저히 불가능하다. 최초이며 최고의 청중은 바로 나 자신인 것이다.

나는 만족할 만한 곡이 만들어지면 혼자 들뜨고 흥분하여 "이봐. 이것 좀 들어봐!"라고 하면서 주변 사람들을 불러 직접 들려준다. 사람들을 불러 들려주지 않는 작품은 나 자신이 순수하게 기뻐하지 않는 작품이며, 나 자신이 마음속 깊이 납득하지 못한 작품이다. 그것은 나뿐 아니라 다른 사람도 마찬가지가 아닐까? 본인이 좋아하면 역시 다른 사람에게도 들려주고 싶은 법이리라.

그 자리의
분위기를
잡아라

직감적 번뜩임이 느껴지는 순간은 콘서트에서도 종종 만날 수 있다.

최근 들어 오케스트라에서 지휘할 기회가 늘어났다. 몇 년 전까지만 해도 좋은 콘서트를 만들기 위한 지휘의 본질은 연습이라고 생각했다. 이를테면 러시아의 작곡가 쇼스타코비치Dmitri Shostakovich의 곡을 연주한다고 하자. 그의 곡을 어떻게 표현하느냐 하는 것은 사람에 따라서 제각기 다르다. 따라서 나는 그 곡을 이렇게 해석해서 이런 느낌으로 연주하고 싶다는 말을 오케스트라에게 전하고, 좋은 작품을 만들기 위해서 철두철미하게 연습한다. 그렇게 하면 좋은 음악으로 완성된다고 생각한 것이다.

　물론 철저하게 연습하면 좋은 음악을 완성할 수 있다는 말은 틀리지 않다. 하지만 연습만으로는 최고의 무대를 완성할 수 없다.

　애당초 오케스트라와 지휘자가 함께 연습하는 시간은 놀라울 정도로 얼마 되지 않는다. 막상 공연이 시작되면 그날의 관객 반응과 오케스트라의 반응, 그때 그 장소에서만 느낄 수 있는 독특한 분위기가 있다.

　언뜻 보기에 매우 사소한 부분인 경우도 있다. 오케스트라 단원 중 몇 명이 밤을 새운 탓에 피곤하다든지, 그날 비가 내린 탓에 관객들의 마음이 안정되지 않는다든지, 그날따라 유난히 중년의 관객이 많다든지……. 이런 식으로 그때 그 장소에만 있는 분위기라는 것이 있는 법이다.

　그 분위기를 파악하면 "오늘은 이렇게 하자"라는 방향성이 순간적으로 머릿속에 떠오른다. 지휘대 위에 올라선 순간, 또는 지휘봉을 휘두른 순간, 그 분위기 속에서 소리를 잡을 수 있으면 그 콘서트는 반드시 성공한다.

　연습한 그대로가 아니라 무대 위에서 템포를 빠르게 하거나 조금 늦추는 등 마음대로 바꾸어도 상관없다.

　"어? 템포가 왜 이렇게 빠르지?"

　이렇게 생각할 필요는 없다.

템포가 빠르면 빠른 대로 좋고, 느리면 느린 대로 좋다. 오히려 무대 위에서는 무슨 일이 일어날지 모르는 편이 더 재미있지 않을까?

연습할 때와 똑같은 상태를 무대 위에서 재현하는 것은 이성적인 작업이다. 하지만 그것은 단지 똑같은 절차를 밟는 것에 불과하다. 물론 그렇게 해서 어느 정도 만족할 만한 연주를 할 수 있을지도 모른다.

하지만 그래서는 청중들의 상상을 배신하지 않는 정도, 즉 70점이나 80점 정도의 만족감밖에 줄 수 없다. 반면에 그 자리의 분위기를 잡았을 때는 관객과 오케스트라가 하나가 되어 대단히 감동적인 콘서트가 펼쳐진다. 정확한 연주보다 더 깊은 맛을 느끼게 해주는 것, 그것이 라이브의 묘미가 아닐까?

확신으로 바뀌는 순간, 납득이 되는 순간, 그 자리의 분위기를 잡는 순간은 몸으로 느끼는 수밖에 없다. 아무리 기를 쓰거나 이를 악물어도 노력만으론 얻을 수 없다. 그리고 그때 가장 중요한 것은 결국 직감이다.

이쪽으로 가면 도달점에 도착할 수 있는 쉬운 방법이 있다면 모두 그렇게 했으리라. 그것을 알 수 없기 때문에 인간은 모두 괴로움 속에서 원하는 결과를 얻기 위해 악전고투를 거듭하는 것이 아닐까. 감성을 연마한다는 것은 결국 직감을 단련하는 것이라고 나는 생각한다.

결단을 내릴 때는 납득이 되느냐 되지 않느냐로 판단하는 일이 많다.

몇 년 전에 중국의 영화음악을 만들기로 하고, 녹음을 일본에서 하느냐 중국에서 하느냐로 한참을 망설인 적이 있었다. 물론 중국에도 훌륭한 스튜디오가 많이 있었다. 또 스태프들도 열심히 일하고 의욕도 가지고 있었다. 하지만 기술적인 면에서 일본이 훨씬 앞서 있는 것이 현실이다.

더구나 베이징에서 녹음하기 위해서는 한 가지 큰 과제가 남아 있었다. 현재의 영화음악은 5.1채널 믹스다운이 주류를 이루고 있다 (미야자키 하야오 감독의 지브리 스튜디오 작품은 6.1채널이다).

5.1채널은 스피커를 앞쪽의 왼쪽과 중앙, 오른쪽에 각각 하나씩 세 개, 뒤쪽의 왼쪽과 오른쪽에 각각 하나씩 두 개, 그리고 저음을 잡는 서브우퍼 스피커를 이용하는 방법이다.

최근 대부분의 영화는 5.1채널로 믹스다운을 한다. 그러나 중국에서는 아직 5.1채널 믹스다운을 해본 적이 없다고 했다.

그렇지 않아도 중국에서 작업을 하게 되면 무슨 일이 일어날지 예측할 수 없었다. 이럴 바에는 차라리 일본에서 녹음을 하는 쪽이 편하리라는 것이 눈에 뻔히 보였다. 더욱이 시간이 남아도는 것도 아니었다. 게다가 음악의 내용 면에서 중국의 오케스트라 사운드를 필요로 하는 것도 아니었다. 나는 일본에서 녹음하는 쪽으로 마음이 기울었다.

하지만 아무래도 납득이 되지 않았다. 모든 일에는 그 순간의 흐름이라는 것이 있다. 그래서 결국 일부러 베이징에서 녹음하는 길을 선택했다.

나는 원래 다른 사람이 시도한 적이 없는 새로운 일을 하는 것을 매우 좋아하는 성격이다. 더구나 타고난 청개구리 성격 탓인지 두 가지 길이 있으면 쉬운 길을 놔두고 일부러 어려운 쪽을 선택하는 경향이 있다.

모처럼 중국의 영화음악을 만들 수 있고, 게다가 처음으로 중국 사람들과 함께 작업할 수 있는 기회가 주어졌다.

"이것은 중국에서 할 수밖에 없지 않은가?"

이성과는 다른 곳에서 그런 목소리가 들렸다. 또 이런 생각이 들기도 했다. 이번 일을 계기로 중국에서 5.1채널 믹스다운이 정착한다면 얼마나 좋을까? 만약 성공한다면 영화음악을 만드는 것 이상으로 문화교류로 의미 있는 일이 되리라.

결국 내가 납득할 수 있는 결단은 베이징에서 녹음하는 것이었다. 모든 일이 그렇지만 어중간하게 선택하면 도중에 큰 시련을 만났을 때 좌절하기 십상이다.

때로는 이 길을 선택하는 게 아니었다고 후회하기도 한다. 그러나 자신이 납득할 수 있는 길로 나아가지 않으면 가슴을 펴고 고생과 실패를 떠맡을 수 없지 않을까?

2장.
직감력을 연마하라

질보다 양으로
승부하라

 최근에 사람들과 이야기하면서 새삼스레 깨달은 것이 있다. 창조력에서 가장 중요한 것은 얼마나 많이 보고, 얼마나 많이 듣고, 얼마나 많이 읽었느냐 하는 것이란 사실이다. 창조력의 원천이 감성이라는 것은 누구나 알고 있다. 그리고 감성의 토대는 자기 내부에 있는 지식과 경험의 축적이다. 그렇다면 축적의 절대량을 늘리면 그 사람의 수용 능력은 저절로 넓어질 수밖에 없지 않을까?

 두 사람이 영화에 관해서 대화를 나눈다고 하자.

 "그 영화 봤어?"

 "아니, 아직 안 봤어."

영화를 봤느냐는 질문에 아직 보지 않았다고 대답하면 그 대화는 더 이상 깊어질 수 없다. 세상 사는 이야기라면 또 몰라도 구태여 영화 이야기를 꺼낸 것을 보면, 상대는 그 영화를 예로 들어 창조적인 이야기를 하려고 했을지도 모른다. 그렇다면 도중에 대화를 끊는 것은 바람직하지 않다.

세상에는 반드시 읽어 두어야 할 책이 있다. 나중에 되돌아 보았을 때 그해를 상징하거나 시대의 한 단면으로 작용하는 책들이 일 년에 몇 권씩은 있다. 만약 일 년에 두세 권밖에 읽지 않았는데, 모두 그런 책들이었다고 하면 그 사람은 탁월한 선택 능력을 가지고 있다고 할 수 있다. 그것은 시류에 대한 뛰어난 감각을 가지고 있지 않으면 할 수 없는 일이다. 보통 사람은 어느 책이 그런 가치를 가지고 있는지 알 수 없는 법이다.

그렇다면 탁월한 선택 능력을 가지고 있지 않은 사람은 어떻게 해야 할까? 그런 사람들은 책을 많이 읽는 수밖에 다른 방법이 없다. 질보다 양이 중요하다고 생각하고, 어쨌든 많은 것을 받아들여야 한다. 개중에는 시시하거나 재미없다고 느끼는 책도 있으리라. 그러나 그것도 하나의 축적이다. 이것저것 많은 것을 섭렵하다 보면 자기 내부에 있는 필터를 통과하는 사이에 좋은 것을 선택할 수 있는 눈이 생기지 않을까?

감성을 연마하기 위해서는 사방팔방으로 안테나를 세운 뒤 많이 보고, 많이 듣고, 많이 읽어야 한다. 또 직접 가고, 직접 경험하고, 직접 느껴야 한다. 그렇게 해서 자기 내부에 있는 지식과 경험의 양을 최대한 늘리는 것이다. 하지만 나도 큰소리칠 만한 처지는 못 된다. 작곡의 한가운데에 있을 때는 주위의 정보를 완전히 차단하기 때문에 많은 것을 내부로 받아들일 수가 없다.

더구나 나는 여행을 별로 좋아하지 않는다. 물론 되도록이면 직접 내 눈으로 많이 보아 두려고 노력한다. 가령 베이징을 무대로 영화음악을 만들 때 지식으로써 얻은 베이징과 내 몸으로 생생하게 체험한 베이징은 전혀 다르다. 실제로 돌아다녀 보니 당치도 않게 넓고 피곤해서 나도 모르게 불평이 튀어나왔다.

"자금성은 왜 저렇게 무지막지 크지?"

"베이징의 봄은 황사 때문에 엉망이군."

이런 직접 경험이 있으면 이미지의 깊이가 달라진다. 되도록 많은 것을 경험해서 수용 능력을 넓힐 것! 이것이 감성을 연마하는 데 필요한 첫 번째 진리이다.

한번은 영국 출신 남성 보컬리스트의 콘서트가 있다고 해서 들으러 간 적이 있었다. 그런데 나에게는 따분하기 짝이 없는 콘서트였다. 목소리는 나쁘지 않았지만 구성이 좋지 않아서 어떤 노래를 들어도 모두 똑같이 들렸다. 구성을 연구하지 않은 탓이다. 그때 어찌나 화가 나던지 공연이 끝나면 같이 가자고 한 사람에게 불평을 하기로 마음먹었을 정도였다.

그러나 그런 콘서트에서도 얻은 것이 있었다. 반주를 하는 일본의 오케스트라는 별다를 것이 없었지만, 공연 도중에 외국인 지휘자가 피아노 앞에 앉아서 직접 연주하기 시작한 것이다. 더구나 노래와 팽팽하게 맞선 그의 연주는 압도적 존재감을 느끼기에 충분했다.

"아아, 이런 게 음악이야!"

연주를 들은 순간, 내 입에서는 감탄사가 흘러나왔다. 또 그 콘서트에서는 슈베르트의 〈아베마리아〉를 연주했는데, 그 선율을 듣는 순간 내 머릿속에는 아이디어 하나가 번뜩였다. 그해 여름에 하기로 한 콘서트의 대미를 〈아베마리아〉로 장식하면 어떨까 하는 것이었다. 분명히 그 콘서트에 가장 잘 어울리는 마무리가 될 것 같았다. 그렇게 생각하자 가슴이 두근거려서 견딜 수 없었다. 그 영감을 얻은 것만으로도 콘서트에 온 보람이 있다고 생각했을 정도이다. 내가 가고 싶었던 콘서트가 아니었더라도 이렇게 기분 좋은 아이디어를 얻기도 한다. 역시 사람은 많은 것을 보고, 많은 것을 들어야 하는 법이다.

느끼는 힘을
연마하라

 다시 한 번 강조하지만 감성의 핵심은 직감이다. 아무리 많은 경험을 가지고 있어도 그것을 작품에 살리지 못하면 아무런 의미가 없다.

 "여기에 필요한 요소는 무엇인가?"

 "어떤 경험을 활용하면 좋은 작품을 만들 수 있을까?"

 갑자기 뇌리에서 번뜩이거나 좋은 아이디어가 태어나는 것은 모두 직감에 의한 것이다. 그렇다면 직감을 연마하기 위해서 어떻게 하는 것이 좋을까? 앞에서도 말했듯이 가장 좋은 방법은 최대한 수용 능력을 넓히는 것이다. 그다음에는 직감을 느끼는 센서가 예민게 작동할 수 있도록 감도를 높여야 한다. 즉 느끼는 힘을 업그레이드 시켜야 하는 것이다.

여기에서는 지금까지 내 경험을 통해서 얻은 깨달음을 조금 풀어 놓으려고 한다.

옛날 사람들은 경험에 의한 생활의 지혜를 가지고 있었다. 어부들은 일기예보를 듣지 않아도 태풍이 언제 올지 미리 알고 있었다. 경험에서 얻은 독특한 육감을 이용해서 자신에게 필요한 지혜를 미리 알았던 것이다.

사람들이 쉽게 지나치는 작품 속에서 마음 깊이 전해지는 무엇인가를 느끼는 것. 창작에서는 모래 안에서 금을 발견하는 듯한 이런 감각이 매우 중요하다. 그러므로 직감을 연마하기 위해서는 '느끼는 힘'을 키워야 한다.

미야자키 하야오 감독은 시쳇말로 대박 영화를 별로 보지 않지만, 5분만 보면 어떤 영화인지 거의 알 수 있고 그 감독의 재능까지도 알 수 있다고 한다. 나도 내 전문분야인 음악에서는 직감적으로 알 수 있는 것이 몇 가지 있다. 특히 재미있는 것은 악보이다.

악보를 보고 있노라면 어느새 머릿속에서 음악이 울리기 시작한다.

오케스트라 악보의 경우 위에서부터 목관악기, 금관악기, 타악기, 현악기 순으로 이어진다. 우선 목관악기 솔로에서 부드러운 음색이 흘러나온다. 그곳에 현악기 소리가 들어가고 잠시 후 금관악기

소리, 그다음에 타악기 소리가 흐르는 등 각 파트가 자기 자리에서 등장하면 점점 소리가 두터워지면서 모든 소리가 아름답게 어우러진다……

좋은 음악은 악보의 음표 배치가 그림처럼 아름답다. 악보를 한두 페이지만 보면 그 곡의 균형도 알 수 있고, 작곡자의 재능도 알 수 있다. 심지어는 작곡자의 캐릭터까지 보이는 일도 있다. 내가 만든 곡도 완성된 악보가 아름답지 않을 때는 확실히 소리가 이상하다. 악보를 보기만 해도 "이 부분에 문제가 있군" 하고 대강 짐작할 수 있는 것이다.

음색이 중요한 오케스트라에서는 역시 악기의 균형이 좋아야 한다. 제1바이올린이 주선율을 전부 맡으면 곡 전체의 인상이 두루뭉술해진다. 그래서 멜로디가 현악기에 집중되면 그 주변의 악구樂句(음악 주제가 비교적 완성된 두 소절에서 네 소절 정도까지의 구분)를 목관악기로 교체하는 작업을 한다. 모든 오케스트라 단원이 제대로 연주할 수 있는 상태로 만드는 것이다. 백 명이라면 백 명의 오케스트라 단원이 제각기 반주를 하거나 멜로디를 연주하는 등 다음에 자신이 무엇을 할지 분명히 정해져 있어야만 좋은 연주라고 할 수 있다.

가장 좋은 음악은 소리에 필연성이 있어야 한다.

'연주 도중에 갑자기 재채기가 나오려고 해서 한순간 연주를 중단하는 연주자가 한 명이라도 있으면 오케스트라의 균형이 무너진다!'라고 할 정도로 악보가 예민하면 음악으로서도 최고라고 할 수 있다. 무턱대고 소리가 두터운 음악은 옷을 많이 입어서 뚱뚱해진 중년의 아저씨와 마찬가지로, "이 악보는 답답해서 도저히 못 보겠군" 하고 소리치면서 내던지고 싶어진다. 그만큼 클래식 악보를 보고 있으면 작곡가의 개성을 알 수 있다.

2006년 여름, 콘서트에서 독일의 작곡가 칼 오르프Carl Orff의 〈카르미나부라나〉를 지휘하기 위해 악보를 보았는데, 오르프의 악보는 실로 독특하기 그지없었다. 그는 음악교육에 힘을 쏟은 사람으로, 리듬과 멜로디 모두 반복이 많고 변박자變拍子도 많다. 또 귀에 들리는 리듬과 실제의 악보가 다른 독특한 곡을 많이 만들었는데, 그 변박자가 기이한 긴장감과 함께 곡에 표정을 만든다. 다만 너무도 독특하기 때문에 악보를 외우기 힘들다는 단점이 있다. 그렇다고 그의 작품을 싫어하는 것은 아니다. 나에게도 그런 점이 있다. 내 악보임에도 불구하고 외우기 힘든 경우가 종종 있는 것이다.

버르토크Béla Bartók(헝가리의 작곡가 겸 피아니스트)의 악보를 보고 있으면 대단히 논리적으로 쓰여 있어서 정서가 끼어들 여지가 많지 않다. 만약 그가 지금 시대에 태어났다면 영화음악은 만들지 않았으리라. 그의 음악은 등장인물의 마음과 정서를 제대로 표현할 수 있을까 하는 의구심이 들 만큼 소리가 엄격하기 때문이다(나는 그런 버르토크를 아주 좋아하지만). 반면 쇼팽이나 라흐마니노프가 지금 시대에 태어났다면 분명히 영화음악에 깊은 관심을 가졌으리라. 그들은 음악의 엄격한 구성보다 감동에 비중을 두었기 때문이다. 이렇듯 다른 작곡가들의 악보를 보고 있으면 많은 공부가 된다. 그곳에서 새로운 아이디어를 얻는 일도 많다. 클래식의 장점은 그런 면에도 있는 것이다.

나는 다큐멘터리 프로그램도 좋아하지만 DVD를 이용해 드라마도 자주 본다. 얼마 전까지는 미국 드라마 〈24〉에 푹 빠져 있었다. 일 때문에 중국에 갔을 때 일본에는 아직 출시되지 않은 새로운 시리즈의 해적판 DVD를 보고 목구멍에서 손이 나올 만큼 사고 싶었다. 하지만 창작 분야에 있는 사람이 해적판의 보급을 인정할 수는 없어서 눈물을 머금고 포기했다.

한류 드라마의 원조격인 〈겨울연가〉는 사람들 사이에서 화제가 되었을 때는 시간이 없어서 보지 못하다가 나중에 DVD를 사서 전부 보았다. 그리고 어떤 의미에서 커다란 충격을 받았다. 스토리 전개와 그것에 곁들인 음악 등 너무도 직접적인 멜로드라마였기 때문에 영상을 보고 음악을 들으면서 처음에는 "으아! 이렇게 부끄러운 일을 어떻게 했을까?"라고 생각했다. 그러나 곰곰이 생각해 보면 "지나치게 통속적이라서 부끄럽다. 나는 이런 일을 할 수 없다"라고 여기는 것 자체가 높은 곳에서 내려다보는 시선이 아닌가. "나는 이런 일을 할 수 없다"라는 생각이야말로 나의 내부에서 나 자신을 규제하는 것이다.

드라마의 스토리나 음악의 멜로디 등은 통속적인 것일수록 자극이 강하다. 그에 비해 만드는 사람이 기묘하게 오만하거나 거드름을 피운 작품은 인간미를 느낄 수 없어서 시시한 작품이 되기 일쑤이다. 비록 비열하고 저속해도 많은 사람들이 원하면 당당하게 하는 편이 좋다. 〈겨울연가〉는 그런 반성을 할 수 있게 만든 좋은 자료가 되었다.

모임의 뒤풀이에서 노래를 시켰을 때 부끄러워하면서 노래를 부르면 보는 사람도 어색하고 분위기도 썰렁해진다. 오히려 바보처럼 보일 것을 각오하고 재빨리 하는 편이 양쪽 모두 부끄럽지 않다.

부끄러움은 상대에게 잘 보이고 싶다는 증거이며 자신을 드러내기 두려워한다는 반증이기도 하다. 머릿속에 그런 자의식이 있는 사람이 어떻게 사람들을 즐겁게 만들고 기쁘게 하는 작품을 만들 수 있으랴.

컵을 보고
꽃병이라고
할 수 있는가!

 기존 관념은 직감을 어긋나게 만들기도 한다. 이것은 나 자신에게도 항상 하는 말로 창작하는 사람에게는 중요한 과제이다. 나는 '이것은 이래야 한다'는 마음이 강한 편이다. 논리적으로 생각할수록 '작곡가는 이래야 한다' '이 곡은 이래야 한다' '회사는 이래야 한다'는 원칙주의적 사고방식에 빠지게 된다. 나 자신을 구속하는 관념을 버리지 못하는 것이다. 그런데 이렇게 이래야 한다는 의식을 가지고 있으면 정신이 자유롭지 못하다. 고정관념에 얽매이지 않고 사물을 보아야 똑같은 풍경을 봐도 다양하게 느낄 수 있지 않을까?

 지금 눈앞에 컵이 있다고 하자. 사람들은 모두 "이것은 컵입니다"라고 말한다. 그때 "아니, 이것은 꽃병입니다"라고 말할 수 있는 사람이 몇이나 될까?

원래 작가의 관점이나 사고방식은 보통 사람들과 다르기 때문에 그림이나 음악을 통해 자신의 생각을 표현하려고 하는 것이다. 다른 사람과 똑같이 생각한다면 어떻게 특별한 재능을 가진 작가라고 할 수 있을까? 그런 사람이 만든 음악이라면 나는 일부러 돈을 내면서까지 듣고 싶지 않다.

컵을 보고 꽃병이라고 말하는 것은 대단한 것이 아니다. 단지 컵이라는 사실을 알고 있으면서도 "이것은 꽃병입니다"라고 말할 수 있느냐 없느냐, 기존 관념에 얽매이느냐 얽매이지 않느냐, 그만큼 풍부한 상상력을 가지고 있느냐 없느냐가 중요하다. 이것은 창작을 하는 사람에게 가장 본질적인 문제이다. 모든 사물에 대해 기존 관념에 얽매이지 않는 자유로운 마음, 자유로운 사고방식을 가질 수 있다면 직감이나 본질에 도달하는 힘이 강해진다.

곡을 만들다 보면 가끔 도중에 막히는 일이 있다. 그런 때는 대부분 입구를 잘못 찾은 것이다. 때로는 방향을 잘못 잡기도 한다. 그런 경우에는 머리를 전환하지 않으면 문제가 해결되지 않는다. 또 어느 정도 완성되었다고 해도 과감하게 버릴 수 있는 결단력이 필요하다.

하지만 인간은 자기 고집을 쉽게 버릴 수 없다. 시간을 허비하고, 많은 노력을 들이고, 자기 자신을 믿으며 만든 작품, 그런 작품을 어찌 쉽게 버릴 수 있겠는가! 마음이 많이 담긴 작품일수록 도저히 버리지 못하고 미련을 가지게 된다. 하지만 길을 잘못 들어서 뒤틀린 작품은 영원히 그 상태에서 벗어나지 못한다. 더욱이 자신이 납득할 수 있는 작품으로 변신하는 일은 거의 없다.

당신은 벽에 부딪혀서 자신의 잘못을 깨달았을 때 그것을 잊고 과감하게 벗어날 수 있는가? 벽에 부딪혔을 때 재빨리 의식을 전환할 수 있는 사람은 뛰어난 직감력의 소유자이다. 그리고 자신의 잘못을 깨달았을 때 깨끗하게 물러설 줄 아는 사람은 기존 관념에 얽매이지 않는 자유로운 사고방식의 소유자라고 할 수 있다.

나의 경우 여러 가지 문제들이 명확하게 보이느냐 보이지 않느냐는 시기적 면도 관련이 있다. 그 당시 일의 상황에 따라 '창작기'와 '표현기', '사고기' 등으로 나의 모드가 바뀌는 것이다. 작곡에 들어갈 때는 머리가 완전히 창작 모드로 들어간다. 어떤 상황에서도 내 의식은 하루 24시간 내내 작곡에 향해 있다. 그때는 음악 이외의 것에 집중력을 발휘하기가 힘들다. 그래서 결단을 내려야 할 일상의 문제에서는 판단력이 둔해지기도 한다.

한편 콘서트 투어 직전이나 도중에는 연습도 해야 하고 컨디션도 조절해야 하는 등 작곡자에서 음악 표현자로 모드가 바뀐다. 직접 피아노를 쳐야 하는 경우에는 온몸에서 긴장이 뚝뚝 떨어진다. 그때는 지방이나 외국 등 여기저기로 돌아다니는 일이 많기 때문에 아무래도 편안한 마음으로 안정되게 생각할 수 없다.

아이디어를 생각할 때의 최고 환경은 아직 영화음악 같은 긴 작업에 들어가지 않고, 평범하게 일을 하면서 영화를 보거나 책을 읽으며 시야를 넓히는 등 심리적으로 여유가 있을 때이다. 모든 것을 위에서 내려다볼 수 있는 그런 때는 머릿속이 깨끗해서 몇 가지 겹치는 일이나 회사 내부에서 일어나는 일 등 각각의 일을 어떤 순서로 진행해야 하는지 직감적으로 판단할 수 있다.

나는 보통 연초에는 비교적 느긋하게 지내다가 서서히 시동이 걸려 4월부터 활발하게 일하고, 여름부터 연말까지는 콘서트와 작곡으로 괴로워하며 몸부림치곤 한다.

일 년의 주기로 보면 1월부터 3월까지가 사고기에 해당한다. 이 시기에는 주로 그 해의 방향성을 생각한다. 특히 "올해는 무엇을 할까?" "어떤 음악을 목표로 할까?" 하는 것에 중점을 둔다. 그리고 창작기에는 일 년 동안 종합적으로 해야 할 일을 확인하고, 내 상황을 파악하면서 일을 진행한다.

그런 와중에도 나 자신을 객관적으로 바라볼 수 있는 '또 하나의 나'를 가지려고 노력한다. 그것을 나는 '제3자의 뇌'라고 부른다. 그 자리, 그 상황에 휩쓸리며 주관적으로 판단하는 것이 아니라 제3자처럼 냉정하고 객관적으로 나 자신에게 조언을 하는 것이다. 이처럼 제3자의 뇌인 또 하나의 나가 자기 자신을 프로듀스하거나 매니지먼트하는 상태가 가장 바람직하지 않을까?

제3자의 뇌는 주관이 개입하지 않은 곳에서 냉정하고 객관적으로 판단하는 시선을 가리킨다. 즉 자신의 감정이나 선입관을 배제하고 자신의 눈으로 직접 보고 판단을 내리는 것이다. 제3자의 뇌가 제대로 작동하면 사람과 사물의 본질을 잘못 판단하는 일은 그렇게 많지 않다.

그중에서도 첫인상은 반드시 그 사람의 본질을 꿰뚫고 있다는 것이 내 지론이다. 흔히 있는 경우를 예로 들어보자. 누군가를 처음 만났을 때 다음과 같은 인상을 받았다고 하자.

"이 사람은 좀 가벼운 것 같군. 한시도 입을 다물지 않고 주저리주저리 수다를 떨다니, 왠지 신뢰가 가지 않아."

그런데 몇 번 만나는 사이에 첫인상이 바뀌는 경우가 있다.

"어럽쇼? 내가 처음에 잘못 봤나? 의외로 자기 생각이 확고한 사람이잖아? 일도 제대로 하고. 그렇게 어영부영한 사람은 아닌 것 같군."

대부분의 사람은 여기에서 상대의 본질을 꿰뚫어 보았다고 생각한다. 하지만 사람의 본질을 가장 정확히 알 수 있는 것은 그 사람이 궁지에 몰렸을 때이다. 그러면 반드시 첫인상으로 돌아오게 된다. 아마도 그때는 이런 식으로 결론을 내리지 않을까?

"뭐야? 막상 벽에 부딪히니까 역시 가벼운 사람이었잖아."

나는 이것을 '샌드위치 이론'이라고 명명했다. 샌드위치를 가장 맛있게 먹는 방법은 무엇일까? 당연히 빵과 내용물을 함께 먹는 것이다. 사람을 샌드위치라고 생각해 보자. 처음에 빵만 먹고 맛이 없다고 여기고 다음에는 내용물만 먹은 뒤 비교적 괜찮다고 여겼다 해도, 그것은 샌드위치의 본질을 꿰뚫어 본 것이 아니다. 안에 있는 내용물이 치즈든 닭고기든 햄이든 채소든, 물론 그것만을 먹을 수도 있다. 하지만 내용물을 감싸고 있는 빵이 없으면 그것은 샌드위치가 아니다. 빵이나 내용물만을 먹고 맛을 평가하면 그것은 진정한 샌드위치의 맛이라고 할 수 없지 않을까? 빵만 먹거나 또는 내용물만 먹는 등 상대의 일부만을 보고 주관적으로 말하는 것은 상대에 대한 냉정한 평가라고 할 수 없는 것이다.

사람뿐 아니라 사물이나 현상에 대해서도 이와 똑같은 말을 할 수 있다. 가령 드라마 음악을 만들어 달라는 의뢰가 들어왔다고 하자. 처음 대본을 대강 훑어본 뒤 다음과 같은 생각이 들었다.

"이 드라마는 무슨 말을 하고 싶은지 모르겠군. 주제가 분명하지 않아."

그런데 연출자의 이야기를 듣고 다시 읽어 보면 상당히 좋은 대본처럼 보인다. 그 이후 영상을 보고 회의를 거듭한 다음 나 자신을 채찍질해서 열심히 음악을 만든다. 하지만 처음에 고개를 갸웃거린 드라마는 역시 세상에 나와도 초점이 모호하다. 맨 처음 받은 인상에서 어긋나지 않는 것이다.

그러나 첫인상이 좋지 않다고 해서 그 일을 맡지 않을 수는 없다. 처음에 위화감을 가졌다고 해도 계속 상대를 만나야 하고, 최선을 다해 일을 해내야 한다. 그럴 때는 그 드라마의 장점을 찾아 내야 한다. 어떤 드라마나 장단점이 있다. 사람에게도 장단점이 있어서, 좋을 때도 있고 나쁠 때도 있지 않은가? 그런 경우에 중요한 것은 한 가지이다.

'어떻게 단호한 결단을 내려서 나 자신을 불태우는가!'

모든 것은 나 자신에 달린 것이다.

직감은
행운을
끌어당긴다

'세런디피티serendipity'란 단어가 있다. 우연에 의해 생각지도 못한 행운을 만나는 것을 뜻한다.

나는 '우연한 만남'을 매우 중요하게 여기는 사람이다. 이 세상에 '확실한 나'는 없다고 여기기 때문이다. 내 힘은 절대적인 것이 아니다. 여기저기서 수많은 영향을 받으며 창작을 하는 가운데 '나다움, 히사이시 조다움'으로 떠오르는 것에 불과하다.

축적이나 번뜩임을 발상이라는 이름으로 묶은 것이 직감력이라면, 나에게 다가오는 행운을 끌어당기는 것도 직감력이라고 할 수 있다. 직감력을 연마하면 내 주위에 있는 것을 받아들이기 쉽고, 느끼기 쉬운 사람이 될 수 있다.

나는 매일 일어나는 작은 아이디어에서 우연한 만남을 즐기고, 그것을 내 일에 활용하는 경우가 종종 있다. 가령 아침에 출근하기 전 라디오에서 우연히 드보르작Antonín Leopold Dvořák의 〈신세계〉 교향곡을 들었다고 하자. 제2악장 첫 부분의 무거운 저음을 듣고 "아아, 이번에는 이것을 사용해 볼까?"라고 문득 생각한다. 그렇다고 처음부터 그런 곡을 만들려고 한 것은 아니다. 다만 "금관악기를 이용해서 최저음을 내는 방법은 한동안 사용하지 않았으니까 이번에 한번 해보자"라고 생각했을 뿐이다. 그러면 우연한 만남으로 행운의 힌트를 얻은 듯한 생각이 든다.

기본적으로는 논리적으로 음악을 만들지만, 지엽적 부분에서는 그 순간에 내가 느낀 공기를 받아들인다. 그리고 그날 당장 녹음에 적용하는 일도 있다. 〈웰컴 투 동막골〉이라는 한국영화가 있다. 이 영화는 한국에서 8백만 명의 관객을 동원한 대히트작이다. 영화의 무대는 한국이고 더구나 겨울 장면임에도 불구하고, 영화음악을 만들 때 나는 일부러 일본에서 가장 따뜻한 오키나와沖繩의 음계를 사용해 보았다. 신비한 세계관을 표현하기 위해 일부러 불일치의 음악을 만들고 싶었던 것이다. 하지만 가장 직접적 이유는 녹음을 오키나와에서 했기 때문이다. 밖에 나가면 어디선가 신신三線(오키나와 등지에서 사용하는 현악기) 소리가 들리는 환경 속에서 작곡과 녹음을 했다는 매우 단순한 이유였던 것이다.

"뭐야? 굉장히 머리를 짜내서 힘들게 작곡하는 줄 알았더니, 그냥 대강 하잖아?"

이렇게 생각할지도 모르지만 그 순간에 느낀 것을 본인의 내부로 받아들이는 것은 매우 중요한 일이다. 수많은 소리가 넘쳐 나는 환경 속에서 생활하는 가운데 문득 관심을 가지거나 의식이 향한 소리가 있다는 것은, 그때 그 소리가 내 마음에 닿았다는 사실을 의미한다. 그것이 바로 직감이 아닐까?

음악과 관계없는 생활을 하는 사람도 그런 감각을 중요하게 여기는 편이 좋다. 우연히 눈에 들어오는 사물, 귀에 들어오는 소리, 코끝을 스치는 향기, 상대와 이야기하다 문득 받는 느낌……. 그런 것에 직감의 센서가 반응해야 한다. 그것이 계기가 되어 뜻밖의 세계가 열리는 일은 얼마든지 있을 수 있지 않을까?

우연히 다가와서 마음을 감동시킨 요소임에도 불구하고 그것을 제대로 살리지 못하는 사람은 어떤 것을 만나도 그냥 흘려보낼 수밖에 없다. 느낌을 기회로 만드느냐 만들지 못하느냐는 그 사람의 직감에 달려 있는 것이다.

앞에서 말한, 우연히 참석한 콘서트에서 듣게 된 〈아베마리아〉도 행운의 만남이라고 할 수 있다.

2006년 여름에 공연한 〈한여름 밤의 악몽〉은 나와 신일본 필하모니 교향악단이 손을 잡고 2004년부터 시작한 '월드 드림 오케스트라World Dream Orchestra 프로젝트'이다. 클래식과 팝, 영화음악 등 장르의 울타리를 뛰어넘어 많은 사람들이 음악을 즐길 수 있도록 한 것이다.

그해의 주제는 호러 음악이었다. 사실 호러 음악 콘서트를 하려고 마음먹은 것은 2년 전 여름이었다. 당시 호러 영화를 보다가 별안간 아이디어가 떠오른 것이다.

호러 영화에 사용하는 음악은 일반 영화에서 사용하는 음악과 전혀 다르다. 일반적인 멜로디와 리듬만으로는 공포 분위기를 자아낼 수 없고, '짜잔~'이라든지 '끼끼깅' 등의 불협화음이 반복되어야만 공포를 부추기게 된다. 그러기 위해서는 팝보다 클래식의 확실한 작곡기법이 필요하다. 따라서 호러 음악을 들어 보면 의외로 좋은 곡이나 굉장한 악보가 많다. 그런 곡들을 모아서 오케스트라로 연주하기로 한 것이다.

무서운 이야기 하면 역시 여름이 제격이다! 제목은 셰익스피어의 《한여름 밤의 꿈》을 따서 〈한여름 밤의 악몽〉이라고 정했다. 이렇게 해서 콘셉트가 정해지고, 그 이후 2년이 지난 2006년 8월에 실현되었다.

하지만 단순한 호러나 사이코 음악을 늘어 놓으면 아무런 재미가 없다. 구성적으로 마지막에 분위기를 전환할 수 있는 무언가가 필요하다. 가슴 한편으로 계속 그런 생각을 하고 있던 차에 들은 음악이 〈아베마리아〉였다. 다음 순간, 마치 하늘의 계시처럼 단숨에 콘서트 전체의 구성이 한눈에 들어왔다. 말 그대로 직감과 행운이 이어진 순간이라고 할 수 있으리라.

신일본 필하모니 교향악단에서 제시한 일정은 8월 13일. 놀랍게도 우란분재盂蘭盆齋(아귀도에 떨어진 망령을 위해 하는 불사佛事. 음력 7월 15일을 전후하여 사흘간 여러 가지 음식을 만들어 조상이나 부처에게 공양한다) 기간이었다. 일본의 우란분재는 불을 피워 고인을 집으로 맞이하는 날로, 일 년 중에 가장 저쪽 세계와 왕래가 밀접한 날이다. 신기하게도 날짜가 딱 들어맞았다. 서양음악과 일본의 전통을 결합시키는 것을 이상하게 여길지 모르지만, 월드 드림 오케스트라 프로젝트의 취지가 본래 장르의 울타리를 없애고 싶다는 것이므로 여러 가지 감각이 혼재하는 편이 좋다.

직감이 아이디어를 낳고 그것이 다시 다른 기회와 이어지는 등 좋은 일이 꼬리에 꼬리를 물고 일어나면 일이 재미있을 수밖에 없다. 이것 또한 직감이 초래하는 연쇄반응이 아닐까?

| 수준은
낮은 쪽으로
향한다

예전에 가부키歌舞伎(음악과 무용의 요소를 포함하는 일본의 전통극)의 오야마女形(여자 역할을 하는 남자 배우)가 이런 말을 한 적이 있다.

"난 멍청한 사람을 싫어해요. 멍청함은 전염되거든요."

명언이라고 생각한다. 자신이 처한 환경을 제대로 갖추지 않으면 수준은 너무도 쉽게 떨어진다. 가장 좋은 예는 축구로, 세계적 실력을 갖춘 선수들 가운데 치명적으로 약한 선수가 한 명 있다고 하자. 그러면 아무리 머리를 써서 포메이션을 짜도 그 위치가 구멍이 되거나 그곳만 공격을 당하게 된다. 다른 선수들이 모두 그 선수를

도와줘야 하기 때문에 결과적으로 포메이션은 무너질 수밖에 없다.

현악4중주도 마찬가지이다. 세계적으로 인정받는 대단한 솔리스트Solist(반주에 맞춰 혼자 연주하는 사람)가 있어도 그중에 어설픈 사람이 한 명이라도 있으면 앙상블 실력은 어설픈 사람의 수준으로 떨어질 수밖에 없다. 오케스트라도 마찬가지이다.

이런 일은 회사에서도 흔히 볼 수 있다. 그 부서에 대단히 유능한 사원이 있다고 해도 어찌할 도리 없는 한심한 사원이 있으면 조직의 수준은 눈에 띄게 떨어지게 된다. 그런데 개미 집단에도 열심히 일하는 개미와 빈둥거리는 개미가 있어서, 게으름뱅이를 제외하고 부지런한 개미만으로 새 집단을 만들면 또 그 안에서 일하지 않는 개미가 나온다고 한다. 조직이나 집단은 원래 그런 것으로, 일하지 않는 사람을 자른다고 해서 좋은 조직이 되는 것은 아니다.

그렇다면 어떻게 하는 것이 좋을까? 가장 좋은 방법은 아래쪽의 수준을 끌어올리는 것이다. 오케스트라는 백 명이 넘는 많은 사람들이 연주하는 만큼 아무리 뛰어난 오케스트라라 할지라도 실수를 저지르기 마련이다. 콘서트에서 백 명 중 한 사람도 실수를 저지르지 않는 일은 있을 수 없다. 지휘를 하는 나를 포함해서 어느 한 사람은 반드시 실수를 저지르게 된다. 따라서 실수를 저지르는 것은 어쩔 수 없다. 중요한 것은 실수를 어떻게 처리하느냐 하는 것이다.

일류 오케스트라는 실수를 눈에 띄게 하지 않는다. 실수를 저질러도 그것을 질질 끄는 일이 없다. 더구나 음악을 망가뜨릴 만큼 치명적인 실수는 저지르지 않는다. 실수를 없었던 것으로 하는 것이 아니라 오히려 그 반대이다. 자신이 저지른 실수를 일단 인정하고, 즉시 마음을 추스른다. 나는 실수를 저질렀을 때 '이까짓 실수로 내 음악은 엉망이 되지 않는다'라는 신념과 자신감으로 내 마음을 부추긴다.

전문 지휘자가 아닌 만큼 나는 오케스트라의 방식에 참견을 하지 않는다. 다만 한 가지 신경 쓰는 점이 있다. 내가 지휘할 때는 되도록 단원들의 마음을 장악해서 최선을 다하게 만들고 싶다는 것이다. 단원들의 마음이 하나가 되어 좋은 무대가 만들어지면 연대감이 태어난다. 그래서 내가 지휘할 때는 단원들이 기뻐하며 사기가 높아졌으면 한다. 실력이 좋지 않은 사람이 한 명이라도 있으면 전체의 수준은 떨어질 수밖에 없다. 하지만 인간의 집단에는 그것을 뛰어넘을 수 있는 힘도 분명히 있다.

실패의
원인은
내부에 있다

예전에 10곡의 앨범 중에서 9곡까지는 별다른 문제없이 만들었는데, 도저히 한 곡을 만들 수 없었던 적이 있었다. 엿새 만에 9곡을 만들었는데, 그로부터 한 달간 한 곡도 쓸 수 없었다. 더구나 메인 곡을 만들 수 없었다.

그때의 고통은 지금 돌이켜 보아도 머리칼을 쥐어뜯고 싶을 정도이다. 결국 그 일은 나 자신이 납득할 수 없는 범위에서 어정쩡하게 마무리되었다.

사람은 누구나 한 번은 실패하기 마련이다. 그런데 재미있는 것은 그 원인이 반드시 자신의 내부에 있다는 것이다.

일이 잘 풀리지 않는 이유는 자신의 내부에 오만함이 자리하거나 중요한 부분을 간과했기 때문이다. 일이 잘 풀리지 않을 때는 자기 자신을 되돌아 보라. 그러면 그 이유를 쉽게 찾을 수 있을 것이다.

나는 항상 나중에 그런 사실을 깨닫는다. "뭐 이 정도는 괜찮겠지 하고 적당히 타협하고 손을 놓은 것은 결국 내 책임이 아닌가?"라고 말이다. 상대가 불합리한 요구를 했기 때문이 아니라 원인은 항상 내 안에 있다. 따라서 그에 대한 해답도 반드시 내 안에 있는 것이다.

그때는 핵심을 제대로 파악하지 못한 채 그것을 자꾸 뒤로 미룬 것이 최대의 실패 요인이었다. 그 이후부터 나는 일단 핵심을 파악한 다음 가장 중요한 일부터 처리한다.

예전에 누군가에게 수를 놓을 때 어디서부터 놓는 것이 가장 좋은지 들은 적이 있다. 꽃이라면 꽃의 중심에 있는 꽃술부터 놓아야 한다고 한다. 핵심에서 벗어나지 않도록 하기 위함이다. 아마 그림도 그러하리라.

가령 앨범에 10곡을 수록한다고 하자. 물론 전부 중요하고 전부 사람들에게 들려주고 싶은 곡이지만, 그중에서 특별히 들려주고 싶은 곡이 있다. "이 곡을 꼭 들어주세요. 이 곡을 만들었기 때문에 이 앨범을 낸 겁니다"라는 곡이 있는 것이다. 그 곡이 확실하면 그 앨범에 있는 다른 곡도 확실해지고, 그 결과 모든 곡이 자기 역할을 다한다.

나는 지금 한 곡씩 완벽하게 만든 후에 다음 단계로 넘어가는 식으로 일을 하지 않는다. 한 곡의 윤곽이 어느 정도 보이면 일부러 완성하지 않고 다음 곡으로 넘어간다. 그렇게 해서 앨범이라면 앨범에 수록할 전곡을, 영화음악이라면 영화에 필요한 전곡을 만든다. 그리고 전체의 모습이 어느 정도 보이면 처음부터 다시 한 곡씩 작업한다.

그런 과정을 초기, 중기, 후기, 마무리까지 몇 단계에 걸쳐 반복한다. 전체의 구성이 치밀할수록 한 곡을 고치면 그와 연동해서 다른 곡도 고쳐야 하기 때문이다. 그래서 회유어回遊魚처럼 돌아다니며 다시 보고, 다시 듣고, 다시 고치는 것이다.

이렇게 하면 한 곡씩 개별적으로 마무리하는 것보다 좋은 점이 있다. 전체적인 균형을 볼 수 있기 때문에 시간을 두고 몇 번씩 다시 보는 사이에 이 앨범에서 말하고 싶은 것이 무엇인지 초점이 명확해지는 것이다.

그렇다고 단점이 없는 것은 아니다. 머릿속에 종합적 콘셉트가 있기 때문에 여러 곡 중에 튀어나온 곡의 모서리를 없애거나 상업적 수준을 높이기도 해서 당초의 황당무계한 재미가 사라질 수 있다는 점이다.

다음에 중요한 것은 어디에서 손을 떼느냐이다.

시간이 많다고 해서 좋은 작품이 태어나는 것은 아니다. 오히려 기한이 정해져 있는 것은 창작하는 사람에게 매우 고마운 일이다. 인간은 경험이 많을수록 많은 생각을 하고, 그에 따라 필연적으로 결단이 늦어지게 된다. 어디에서 깨끗하게 손을 떼는가. 그 타이밍이 기한이라는 형태로 정해져 있는 것은 오히려 고마운 일이 아닐 수 없다.

경험을 많이 쌓는 것은 매우 중요한 일이다. 하지만 경험은 인간을 겁쟁이로 만들기도 한다. "그때는 이러했다"는 과거의 경험에만 의지함으로써 눈앞의 현실을 제대로 볼 수 없게 만들기 때문이다. 새로운 일에 도전하려고 할 때 과거의 경험으로 인해 지레 두 손 들고 포기하는 사람도 있다. 그 사람에게는 과거 경험이 플러스로 작용하지 않고 오히려 미래를 향한 도전을 가로막는 방해꾼에 불과할 뿐이다.

"일이 잘 되지 않는 이유는 무엇인가?"

"이번에 실패하지 않기 위해서는 어떻게 해야 하는가?"

과거의 경험에서는 이런 것만 확인하면 된다. 그것이 경험을 살리는 것이다.

'나이를 먹을수록 인간은 경험과 지식이 풍부해진다'라고 하는데, 그것은 거짓말이다.

경험과 지식은 제대로 살리지 않으면 아무런 의미가 없기 때문이다. 가능성의 폭을 좁히는 경험이라면 차라리 풍부해지지 않는 편이 낫지 않은가?

또 한 가지 거짓말이 있다. '돈을 주고 사서라도 고생을 하라'라는 말이다. 나는 되도록 고생을 하지 않는 편이 좋다고 생각한다. 고생을 훌륭한 일이라고 치켜세우는 사람들은 대부분 자신이 고생한 것을 자랑한다.

어린 시절에 가난해서 학교에 갈 수 없었고, 그 이후 이런 어려움이 있었고 저런 어려움이 있었고……. 결국 그 사람이 하고 싶은 말은 자신이 얼마나 열심히 노력해서 이 자리에 설 수 있었는지 아느냐는 자랑에 불과하다. 본인 처지에서 보면 고생이 인생의 모든 것이겠지만, 그런 이야기는 재미있지도 않고 다른 사람에게 도움이 되지도 않는다.

이 세상에 편안하게 살아온 사람이 어디 있으랴. 모두 소설을 쓰고 드라마를 만들 수 있을 만큼 남모르는 고생을 하고 있다.

나는 자진해서 고생할 필요는 눈곱만큼도 없다고 생각한다. 고생을 자랑하는 사람에게는 자신을 냉정히 바라보는 제3자의 뇌와 객관적 능력이 부족하다고 생각하기 때문이다. 그래서 그런 사람에게는 지성을 느낄 수 없는 것이다.

누구나 하는 고생은 인간의 폭을 넓혀 주지 않는다. 인간의 폭을 넓히고 싶으면 지성을 연마해서 진정한 아수라장을 빠져나가야 한다.

3장.

영상과 음악의 공존

침묵을
두려워하지
말라

    기타노 다케시 감독은 평소에 매우 조용하고 말이 없는 사람이다. 적어도 나에게는 그렇다.

    그가 맨 처음 나에게 영화음악을 의뢰한 것은 〈그 여름 가장 조용한 바다〉였다. 그때까지는 일면식도 없어서 왜 나를 선택했는지 이유를 알 수 없었다. 막상 그를 만나 보니 텔레비전에 나와서 속사포처럼 떠들어 대는 사람과 같은 사람이라고는 믿기지 않을 만큼 말이 없었다.

    며칠 후, 그가 보내 준 대본은 깜짝 놀랄 정도로 얇았다. 주인공이 농아인 것도 있지만, 시사회에서 영화를 봤을 때도 대화는 거의 찾아볼 수 없었다. 침묵의 시간이 많은 영화인 것이다. 그때는 대사가 적은 것이 내용 때문이라고 여겼는데, 이윽고 그것이 기타노 다케시 감독의 스타일이라는 것을 알게 되었다.

시사회가 끝나고 그가 한 이야기가 지금도 나의 뇌리에 선명하게 새겨져 있다.

"영화에는 반드시 음악이 들어갈 곳이 있지요? 그런 곳의 음악은 전부 뺍시다."

음악 관계자라면 누구나 음악이 반드시 들어가야 할 곳을 알고 있다. 그런데 그곳에 음악을 넣지 않는 방향으로 가자는 것이다. 나로서는 그런 감독을 만난 것이 처음이었다. 대부분의 감독은 음악을 넣어서 더 드라마틱하게 만들고 싶어 하지 않는가.

당연한 이야기지만 다큐멘터리를 제외한 거의 모든 영화는 픽션이다. 그리고 이야기를 만드는 세계는 자칫하면 상황을 지나치게 많이 설명하려는 경향이 있다. 가령 누가 봐도 애인 사이라고 알 수 있는 남녀가 있다고 하자. 그 두 사람을 서로 바라보게 한 다음 "사랑해"라고 말하며 그 뒤에 달콤한 멜로디를 내보낸다. 최근에 텔레비전 드라마의 음악은 대부분 이러하다. 더욱이 이것만으로 만족하지 못하고 해설이나 자막으로 "그들은 서로를 뜨겁게 사랑했다"라고 설명한다. 정말 끈질기다.

영화에서도 지나치게 설명하려는 경향을 흔히 찾아볼 수 있다.

그런 것은 닭살이 돋아서 싫다는 기타노 다케시 감독의 사고방식에 나는 크게 공감했다. 그는 사랑하는 사이라는 것을 표현할 때 두 사람이 서로 몸을 기대기만 해도 충분하다고 했다. 쓸쓸한 장면은 쓸쓸한 대로 대사를 넣지 않았다. 배우에게 무리한 연기를 하게 하는 일도 없었다. 부자연스러운 연기를 할 바에야 아무것도 하지 않고 가만히 있는 편이 낫다는 게 그의 생각이다. 관객에게 상상할 수 있는 여지를 남겨 주는 것이다.

그런 자세를 관철한 끝에 그는 영화계에 하나의 스타일을 확립했다. 여태껏 그런 식으로 영화를 만들 용기는 아무에게도 없었다. 그런데 그는 그렇게 영화를 만들어서 전 세계에 커다란 영향을 미쳤다.

실제로 얼마 전에 만난 아시아의 한 영화감독은 그에게 많은 영향을 받았다고 한다. 이것은 대단한 일이 아닐 수 없다. 기타노 다케시 감독은 이제 일본이 전 세계에 자랑할 수 있는 영화감독 중 한 명인 것이다.

영화에는 감독의 성격이 여실히 나타난다. 그는 침묵을 두려워하지 않는 사람이다. 실제로 촬영장에 함께 있어도 거의 말을 하지 않는다.

"감독님, 오랜만입니다. 그동안 잘 지내셨어요?"

"……."

"지난번 그 영화는 아주 좋더군요."

"아아, 네……."

"이번에는 이런 느낌으로 음악을 만들면 되겠군요."

"그렇지요……."

"그러면 그만 가보겠습니다."

이런 식으로 대화를 나누는 시간은 약 15분 정도. 보통은 침묵의 시간을 가지지 않고 "날씨 참 좋지요?" "요즘 어떠세요?" 하는 식의 쓸데없는 말을 하지만, 왕자의 풍격風格을 가지고 있는 그는 조용한 침묵을 유지한다. 그의 영화에서 침묵의 시간을 두려워하지 않는 강인함을 느끼는 것은 비단 나뿐일까?

영상 뒤에 음악이 흐르는 것은 본래 부자연스러운 일이다.

연인과의 안타까운 이별 장면에서 숙연한 음악이 흐르고, 자동차가 속도를 올려 질주하기 시작하면 빠른 음악이 나오고, 화려한 격투 장면에서는 신나고 호쾌한 음악이 등장한다. 하지만 현실에서는 이런 일이 있을 수 없다. 이런 식으로 영화의 분위기를 띄우기 위한 음악을 '상황외음악狀況外音樂'이라고 한다.

최대한 현실에 맞는 영화를 만들려고 하면 음악은 거의 들어가지 않는다. 실제로 음악이 나오는 경우는 커피숍이나 레스토랑의 배경음악으로 클래식 음악이 나온다든지, 상점가에서 가요가 흘러나온다든지, 등장인물이 노래하거나 악기를 연주할 때뿐이다. 이런 자연스러운 음악을 '상황내음악狀況內音樂'이라고 하는데, 상황내음악뿐이라면 부자연스러운 것은 하나도 없다.

영화음악은 상황외음악과 상황내음악을 모두 칭하는데, 일반적으로는 전자를 가리키고 후자는 오히려 효과음처럼 포착하는 일이 많다. 현실에서는 있을 수 없는 장면에 나오는 음악을 어떻게 거짓처럼 보이지 않게 하느냐, 얼마나 위화감 없이 받아들일 수 있게 만드느냐, 작곡가는 이점에 대해 항상 머리를 싸매고 고민한다.

부자연스럽지 않아야 한다고 해서 단지 영상에 충실하게 만들면 되는 것은 아니다. 나는 우는 장면에는 슬픈 곡을, 낭만적인 장면에는 달콤한 곡을 사용하는 정해진 패턴을 싫어한다. 그것은 음악이 영상에 기대고 의존하는 것이다. 나는 음악이 화면을 따라가게 만들고 싶지 않다. 음악이 영상의 종속물이 되어서는 안 된다고 생각한다.

상상력을
환기시키는
음악

구로사와 아키라^{黑澤明} 감독의 〈들개〉라는 영화를 보았을 때, 내 입에서는 나도 모르게 감탄사가 흘러나왔다. 그 작품에서 구로사와 아키라 감독은 음악을 대단히 현명하게 사용했다.

아직 길거리에 암시장이 횡행하는 태평양전쟁 이후의 혼란스러운 시대. 젊은 형사가 권총을 도난당하는데, 그 총이 강도 살인사건에 사용된다. 궁지에 몰린 형사는 이를 악물고 죽을힘을 다해 범인을 찾는다. 그런데 도중에 그와 함께 수사를 진행하던 고참 형사가 범인의 흉탄에 쓰러진다. 젊은 형사는 다시 필사적으로 범인을 쫓는다. 두 사람은 마지막으로 교외의 풀밭에서 흙투성이가 되어 격투를

벌인다. 이 클라이맥스 장면에 흐르는 것이 근처에 사는 어느 부인의 피아노 연주이다. 피아노 연습곡으로 유명한 쿨라우Friedrich Daniel Rudolf Kuhlau (독일 태생의 덴마크 작곡가)의 〈소나티네〉인 것이다.

한쪽은 형사, 한쪽은 살인자인 두 사람은 모두 전쟁터에서 돌아온 귀환병이다. 비록 대립하고는 있지만 두 사람의 운명은 종이 한 장 차이이다. 한편 전쟁이 끝난 지 얼마 되지 않은 시기에 피아노가 있는 교외의 집에 산다면 일종의 부르주아이다. 전쟁에 의해 가차 없이 운명이 뒤바뀐 젊은이들과 평화롭고 행복하게 살고 있는 부인이라는 또 하나의 대비. 감독은 그 부인이 연주하는 피아노 곡을 통해 젊은 형사와 범인 모두 전쟁의 희생자라는 사실을 관객에게 호소한다. 상황내음악을 자연스럽게 사용하면서 현실을 중층적으로 표현하고 있는 것이다. 만약 그때 화려한 음악과 함께 격투 장면을 보여 주었다면 그런 깊은 감동을 받을 수 없었으리라. 이것은 영화음악 본연의 자세로서 가장 이상적인 예라고 생각한다. 이렇게 영화음악을 상황에 맞게 잘 사용하면 영화에 깊이가 더해지고 더 나아가 지적인 작품으로 완성된다.

슬픈 장면에 애절한 음악, 기쁜 장면에 밝은 음악을 내보내지 않고 일부러 다른 느낌의 음악을 내보냄으로써 상황을 돋보이게 하는 수법을 '대위법對位法'이라고 한다. 앞에서 예로 든 〈들개〉는 그 전형적인 사례로 나는 이런 방법을 좋아한다.

가령 주인공이 결코 이루어질 수 없는 운명의 사람을 떠올리는 장면이 있다고 하자. 그때 "여러분, 이제 마음껏 눈물을 흘리세요"라는 식의 멜로 음악을 내보내는 것보다 오히려 감정을 억제한 냉정한 음악을 내보내는 편이 주인공에게 깊이와 지성을 부여할 수 있다. 그런 편이 관객의 가슴에도 한 걸음 더 다가갈 수 있는 것이다.

음악은 장면의 분위기를 한층 더 높이는 효과를 발휘한다. 다시 말해 그 자리의 공기에 배어 있는 음영 같은 것이다. 영상에는 영상으로 보여 주는 세계가 있다. 하지만 음악이 들어가면 그곳에서 이루어지는 연기, 등장인물의 심경, 나아가서는 그 영화에 대한 감독의 의도까지 보여 줄 수 있다.

많은 사람들이 다양하게 느낄 수 있도록 하기 위해서는 만드는 사람이 자신의 감정을 모두 쏟아내지 말아야 한다. 강요하는 듯한 음악은 듣는 사람의 이미지를 제한해서 그 이상의 감정을 끌어낼 수 없다. 곡을 만들 때는 자신의 힘을 모두 쏟아야 한다. 그렇다고 해서 그 곡에 만드는 사람의 감정까지 담아서는 안 된다.

음악의 역할을 제대로 생각하지 않고 안이하게 만들면 영화 전체를 싸구려로 만들 수 있다. 반대로 음악을 멋지게 사용하면 관객의 머릿속에 영상으로 표현하지 못한 것까지 떠오르게 만들 수 있다. 그러므로 영상과 음악이 대등한 관계에서 상승효과를 주는 것이 가장 바람직하다고 생각한다. 하지만 영화음악은 작곡가의 의도를 표현하는 자리가 아니기 때문에 자신의 음악적 주장을 지나치게 내세워서는 안 된다. 어디까지나 영화의 영상표현을 돋보이게 하면서 공존을 목표로 해야 하는 것이다.

영화에 대한 나의 기본적인 사고방식은 두 가지이다. 엔터테인먼트냐, 또는 골치가 아플 만큼 어려운 예술적 작품이냐. 어중간한 것은 좋지 않다. 이 가운데 나의 자세는 전자이다. 하지만 영화를 보고 밖으로 나왔을 때 "아아, 재미있었다!"라는 것 외에 마음에 남는 것이 아무것도 없다면 서글프기 짝이 없으리라. 한 가지라도 좋으니 "그 부분이 마음에 남는군. 그 부분으로 인해 인생을 다시 생각하게 됐어"라는 것이 필요하다.

예전에 미야자키 하야오 감독이 이런 말을 한 적이 있다.

"영화를 보고 난 뒤 1층으로 들어온 사람이 2층으로 나가는 듯한 느낌이 가장 좋습니다."

이 말에 나도 전적으로 동감이다. 용기가 생겼다든지 현명해졌다든지, 조금이라도 플러스가 되기를 바란다. 내가 참여한 영화가 그런 가치를 가졌으면 좋겠다는 것이 나의 작은 소망이다. 그러기 위해서는 영화는 물론이고 음악도, 영화를 보는 사람의 뇌세포를 활발하게 만들어야 한다. 나의 최종 목표는 관객의 상상력이 파고들 여지를 갖게 하는 영화음악을 만드는 것이다.

여기서 잠시 내가 영화음악을 만들 때까지의 과정을 설명해 두기로 한다.

1. 영화음악을 만들어 달라는 의뢰가 오면 일단 각본이나 그림 콘티를 보며 어떤 내용이고 무엇을 말하려고 하는지 파악한다.
2. 러시프린트rush print(편집이 안 된 영화 필름)를 보면서 영화의 이미지를 파악한다. 이때 영상을 만드는 감독의 템포를 확인한다.
3. 음악의 방향성에 대해 회의를 하면서 감독의 이미지를 듣는다. 실제로 이 시점에 감독의 머릿속은 촬영에 대한 것으로 가득 차서 음악에 대해서까지 구체적으로 정해져 있는 일은 거의 없다.
4. 자료를 읽거나 이미지를 확대하면서 곡을 구상한다. 특히 메인 테마를 중심으로 이미지의 깊이를 더한다. 이때의 사운드가 전체의 톤을 결정한다.
5. 올 러시프린트all rush print(편집이 끝난 영상)를 본다. 이때 구체적으로 'M회의(음악회의)'를 한다. 전부 몇 곡이 필요한지, 음악을 넣어야 할 장면이 각각 몇 분 몇 초인지를 정한다. 이때 메인 테마를 완성해서 감독에게 데모 테이프를 들려주고, 기본적으로 OK 사인이 떨어지면 그 후의 진행은 원활해진다. 만약 감독의 OK 사인을 받지 못하면 다른 방향을 찾는다.
6. 작곡 작업에 들어간다. 촬영 일정이 지연되는 것은 흔한 일이

지만, 정해진 개봉 일정이 연기되는 일은 거의 없다. 따라서 촬영이 지연되고 편집이 연기되면 올 러시프린트가 완성되기 전에 작곡을 진행해야 한다. 때로는 작곡이 완료된 후에 바꾸는 일도 종종 있다.

7. 녹음을 한다. 컴퓨터나 신시사이저를 사용할 때는 스태프와 함께 스튜디오에 틀어박혀 녹음한다. 뮤지션이나 오케스트라와 작업할 때는 참여할 음악가와 일정, 녹음 장소의 결정, 사보寫譜(악보를 베끼는 것) 등 여러 가지 절차가 필요하다.

8. 믹스다운. 각 악기의 음색과 음량을 조정해서 마무리한다. 믹스다운이 끝나면 음악 제작은 거의 종료된다.

나는 대강 이런 과정을 거쳐 영화음악을 만든다. 몇 번을 해도 매번 "아아, 이번에는 편하게 해서 다행이다!"라고 생각하는 일은 거의 없다. 매번 나 자신의 한계에 도전하고 있다.

매번 마지막이라는
생각으로
진검승부한다

　보통 영화 한 작품에 들어가는 음악은 평균 20곡에서 30곡이다. 미야자키 하야오 감독의 애니메이션은 상영시간이 긴 탓도 있어서 비교적 곡수가 많고, 오바야시 노부히코大林宣彦 감독의 작품은 들어가지 않는 곳을 찾기 힘들 정도로 음악이 많이 들어간다. 그런가 하면 기타노 다케시 감독처럼 10곡만 만들면 되는 경우도 있다. 다만 기타노 다케시 감독의 경우는 한 번 음악을 넣으면 길게 넣기 때문에 종합적으로 볼 때 음악이 들어가는 시간은 결코 짧지 않다. 약 두 시간의 영화에서 실제로 음악이 들어가는 것은 어느 정도일까? 가장 적을 때는 40분 정도, 많을 때는 계속해서 음악이 나가는 경우도 있다.

음악을 어디에 넣을 것인가도 중요하지만 어디를 뺄 것인가도 중요하다. 특히 진지한 내용의 영화에 음악이 많이 들어가는 것은 좋지 않다. 영상이 거짓처럼 보이기 때문에 그런 경우에는 의식적으로 음악을 줄여야 한다.

최근에 작업한 허안화許鞍華 감독의 〈이모의 포스트모던 라이프〉는 노년기에 접어든 여성의 일상을 그린 대단히 현실적인 영화이다. 이 영화는 옆집 사람과 싸우거나 사소한 일이 있을 때마다 아름다운 선율이 흘러나와 엄숙한 현실이 부각되지 않았다. 그래서 나는 진지함을 강조하기 위해서 쓸데없는 음악은 최대한 줄이기로 했다.

영화음악을 만들 때는 이 장면에서는 이런 느낌의 음악이라는 식으로 장면마다 한 곡 한 곡을 생각하는 것이 아니라 두 시간을 어떻게 구성할지, 영상의 세계를 확대하고 심화하기 위해 음악을 통해서 어떤 세계관을 구축할지를 생각해야 한다. 그리고 가장 중요한 것은 뭐니 뭐니 해도 메인 테마이다.

한편 음악의 세계관을 좌우하는 것은 사운드와 멜로디이다. 작곡에 들어갈 때는 일단 중심 사운드를 생각한 다음에 멜로디를 생각한다.

그런데 실제로 만들다 보면 머리로 생각한 것과 달라지는 경우가 있다. 앞에서도 말한 것처럼 전기기타로 생각했던 것이 플루겔혼이 되는 경우가 있는 것이다. 따라서 실제로는 메인 테마의 멜로디를 만드는 것과 사운드를 선택하는 작업이 동시에 진행된다. 그런 와중에 영화 전체의 구성도 정해야 하기 때문에 이 모든 것이 퍼즐처럼 복잡하게 뒤얽힌다.

영화의 테마곡은 하나가 아니라 중층적이다. 몇 곡의 서브 테마도 만들어야 하고, 특수한 상황 설정을 위한 음악도 만들어야 한다. 그렇게 해서 심포니를 만드는 것처럼 차근차근 조립해야 하는 것이다.

전체적인 균형은 메인 테마를 어떻게 취급하느냐에 따라 달라진다. 메인 테마를 오케스트라 연주로 하는 경우에는 똑같은 멜로디를 여러 가지 표정으로 바꿀 수 있다. 분위기를 띄우고 싶을 때는 띄울 수도 있고, 조용한 분위기 속에서 바이올린 솔로를 배경으로 낭랑하게 노래를 할 수도 있다.

하지만 메인 테마에 민속악기를 자주 사용하는 것은 좋지 않다. 민속악기는 자극이 강하기 때문에 범위를 좁혀서 사용하는 편이 효과적이다.

이런 식으로 사운드에 따라서 핵심적인 모티브를 어떻게 사용할지 결정하기도 한다. 이렇듯 영화음악은 상당히 이론적인 작업인 것이다.

일반적으로 메인 테마곡이 등장하는 곳은 그렇게 많지 않다. 그런데 조금씩 구성을 바꾸었지만 〈하울의 움직이는 성〉에서는 전체

33곡 가운데 18곡에 메인 테마가 등장한다. 이것은 미야자키 하야오 감독의 뜻이었다. 음악에 관해 회의를 할 때 그는 나에게 새로운 주문을 했다.

"이번에는 철저하게 하나의 테마곡으로 가고 싶습니다."

이미 메인 앨범인 〈교향 모음곡, 하울의 움직이는 성〉이 완성되고 나서의 일이다.

〈교향 모음곡, 하울의 움직이는 성〉은 명문 체코 필하모니 관현악단이 연주하고, 트랙다운 trackdown(소리의 마무리)은 런던의 애비로드 스튜디오에서 했다. 애비로드 스튜디오는 비틀즈의 음반을 작업한 것으로 유명한 곳이다. 더구나 엔지니어는 예전에 내 녹음 보조 엔지니어였지만, 그 이후 성공하여 지금은 존 윌리엄스 John Towners Williams(미국의 영화음악가. 〈스타워즈〉, 〈E. T.〉, 〈쉰들러 리스트〉를 비롯하여 아카데미 영화음악상을 다섯 차례나 수상했다)의 〈해리포터〉 등을 녹음한 사이먼 로즈 Simon Rhodes였다. 그런 화려한 멤버임에도 불구하고 미야자키 하야오 감독은 또 색다른 주문을 내놓은 것이다. 나는 약간 맥이 빠졌다.

두 시간짜리 애니메이션을 메인 테마 한 곡으로 이끌어간다고? 이것은 대단한 모험이 아닐 수 없었다. 분명히 메인 테마를 기쁨으로도 슬픔으로도 들리게 작곡해서 그것을 여러 가지로 변주하는 방법이 있다. 아무리 그래도 음악 전체로 보면 3분의 1을 넘기면 안 된다.

영상과 음악의 공존

미야자키 하야오 감독이 가장 신경을 쓴 것은 주인공인 소피가 18세 소녀에서 단숨에 90세 할머니로 바뀌는 부분이었다. 단숨에, 그것도 엄청나게 나이를 먹는 장면이다. 더구나 장면에 따라서 미묘하게 젊어지거나 늙게 변하는 등 얼굴이 달라진다.

그는 애니메이션 영화를 보는 사람도 소피와 똑같은 마음을 가질 수 있도록 음악을 일관되게 해달라고 요구했다. 그의 의도는 너무도 명쾌해서 나는 반론을 제기할 수 없었다. 〈교향 모음곡, 하울의 움직이는 성〉에서는 소피의 테마도 녹음했는데……. 내 입에서는 깊은 한숨이 새어나왔다.

음악을 담당하는 나는 아무리 오랫동안 영화에 관여해도 고작해야 반년에서 일 년 정도이다. 하지만 감독은 기획 단계부터 관여해서 적어도 2~3년 정도이며, 특히 미야자키 하야오 감독의 경우에는 4~5년씩 오직 그 영화만을 생각한다(아이디어 단계부터 따지면 10년이나 20년인 경우도 있다). 즉 그 영화에 대해서 가장 잘 아는 사람은 역시 감독인 것이다. 그것에 대한 존경도 있고 신뢰도 있기 때문에 감독의 희망 사항을 최대한 존중해야 한다는 것이 영화 작업에 대한 내 기본자세이다. 그래서 그때도 마음을 가다듬고 전체를 관통하는 멜로디를 새로 만들었다.

메인 테마에 관한 이야기를 나눈 것이 2003년 11월. 해가 바뀌고 이듬해 2월, 나는 3곡의 후보작을 가슴에 껴안고 미야자키 하야오 감독의 작업실로 향했다. 평소에는 데모 테이프를 들려주지만 그때는 내가 직접 피아노를 쳐서 들려주기로 했다. 그러는 편이 좋겠다고 직감이 말해 주었다.

미야자키 하야오 감독의 작업실인 속칭 '돼지집'에는 그를 비롯해 스즈키 도시오^{鈴木敏夫} 프로듀서와 음악담당인 이나가키^{稻城}가 기다리고 있었다. 내 온몸에서는 긴장이 뚝뚝 흘러내렸다. 더구나 미야자키 하야오 감독이 피아노 옆까지 의자를 가져와서 앉았다. 그의 귀에 내 심장소리가 들리지 않을까 걱정이 될 정도였다.

일단 첫 번째 곡 연주가 끝나자 그는 고개를 끄덕이며 미소를 지었다. 프로듀서인 스즈키 도시오도 어느 정도 만족한 모습이었다. 나는 안도하며 가슴을 쓸어내렸다. 약간 용기를 얻은 나는 세 번째로 연주하려고 했던 곡의 순서를 앞당겼다.

"느낌이 조금 다를지도 모르지만 이런 곡도 있습니다."

그들의 눈을 똑바로 쳐다볼 수 없어서 나는 피아노 건반을 보며 연주하기 시작했다.

그 왈츠는 그렇게 어렵지 않았지만, 나는 도중에 실수를 하고 말았다. 마치 입사 면접을 보고 있는 대학생이 된 듯한 기분이었다. 최고의 긴장상태에서 연주를 마친 순간, 스즈키 도시오 프로듀서가 엄청난 기세로 몸을 앞으로 내밀었다. 그리고 눈을 반짝이며 소리쳤다.

"히사이시 씨, 정말 좋아요! 미야 씨, 좋지 않나요?"

미야자키 하야오 감독은 당황한 얼굴로 "그렇군요"라고 말하며 입가에 미소를 짓더니 나를 향해 이렇게 말했다.

"한 번 더 연주해 주겠습니까?"

하지만 그의 눈은 웃지 않았다.

다시 연주를 마쳤을 때 두 사람이 동시에 입을 열었다.

"좋아요. 바로 이겁니다!"

"이런 음악은 예전에 없었습니다!"

그 이후 몇 번을 연주해야 했지만, 지난 몇 달의 고통이 해피엔딩으로 바뀌는 순간이었기 때문에 조금도 힘들지 않았다.

나는 지금까지 수차례 미야자키 하야오 감독의 애니메이션 음악을 만들었지만, 한 번이라도 음악이 좋지 않으면 다음에는 의뢰를 하지 않을 것이란 사실을 알고 있다. 나는 항상 그런 절박한 심정으로 일을 하고 있고, 매번 진검승부이다. 힘들기도 하지만 OK 사인이 떨어졌을 때의 기쁨은 이 모든 괴로움을 견디게 해준다.

세계관은
최초의 5분 안에
결정된다

 존 윌리엄스가 만든 〈스타워즈〉의 음악은 풀 오케스트라로, 악보의 완성도도 대단히 높다. 영화의 품격을 높여준 좋은 음악이라고 생각한다. 이 영화음악의 특징은 다스 베이더가 등장하는 장면에서는 반드시 저음의 다스 베이더 테마가 흐르고, 제다이가 활약하는 장면에서는 제다이의 테마가 흐르는 등 캐릭터마다 음악의 색깔이 확실하다는 점이다. 음악만 들어도 누가 중심인지 금방 알 수 있다.
 이렇게 인물에 따라 음악을 붙이는 것은 할리우드의 대작 엔터테인먼트에서 자주 사용하는 방법으로, 특히 액션영화나 CG가 많이 들어간 작품에서 흔히 볼 수 있다. 그로 인해 처음부터 마지막까지 끊임없이 음악이 쾅쾅 울리는 매우 단순명쾌한 구조를 가지고 있다.

전 세계를 목표로 하는 할리우드 영화에서는 관객이 이해하기 쉽도록 음악을 만드는 것이 매우 중요하다. 하지만 관객의 상상력을 제한하는 것 또한 분명한 사실이다. 음악적 설명이 너무 많다고 할까? 이런 이야기를 솔직하게 하는 것이 나의 단점이다. 예전에도 할리우드 방식은 너무 단순해서 좋아하지 않는다고 솔직하게 말하는 바람에 할리우드 영화 일을 몇 번 놓친 적이 있다. 말을 할 때는 주의해야 한다는 것을 알고 있지만, 실제로 그렇게 생각하니 어쩔 수 없는 노릇이다. 유럽에서는 그런 방식을 취하지 않는다. 또한 할리우드에서도 진지한 작품을 만들 때는 그렇게 하지 않는다.

나도 필요할 때는 인물에 따라 음악을 붙이는 경우가 있다. 홍콩 영화인 유진위劉鎭偉 감독의 〈삼장법사의 모험〉의 영화음악을 만들 때는 그렇게 했다. 서유기를 패러디한 〈삼장법사의 모험〉은 CG를 많이 사용한 오락물로, 할리우드 영화의 아시아판 같은 작품이었기 때문이다. 그와 동시에 '사랑'이라는 테마가 분명해서 전체적으로 러브스토리가 되도록 음악을 구성했다.

내가 영화음악을 만들 때 가장 중요하게 여기는 것은 그 영화 안에서 감독이 가장 하고 싶은 말이 무엇이냐 하는 것이다. 물론 영화의 주제는 중층적이지만, 만약 감독이 하고 싶은 말이 '인생은 덧없다'라는 것이라면 '덧없음'을 표현할 수 있는 메인 테마곡을 만들고,

그것을 느낄 수 있는 장면을 중심으로 음악을 붙인다. 최대한 감독의 시선에 맞추려고 노력하는 것이다.

대본은 보통 주인공을 중심으로 쓰여 있다. 따라서 주인공이 등장하는 장면과 메인 테마는 반드시 겹치기 마련이다. 그러나 겹치기는 하지만 결코 똑같지는 않다. 그래서 회의를 할 때 가끔 이런 말을 듣기도 한다.

"여기에 메인 테마가 흐르지요. 이 장면에 주인공이 나오지는 않지만……."

"이 음악은 주인공에게 붙이는 것이 아니니까요."

메인 테마가 곧 주인공의 테마가 되는 것은 아니다. 단지 그렇게 해야만 더 납득할 수 있는 작품으로 완성되는 경우가 많다.

앞에서 음악을 빼는 곳도 중요하다고 말했는데, 그렇다면 음악을 넣지 않는 곳은 어떻게 판단할까?

일단 음악이 들어감으로써 진지함이 사라지는 곳, 일부러 꾸민 것처럼 보이는 곳이나 설명처럼 보이는 곳은 제외한다. 다음은 전체적인 균형이다. 가령 처음의 5분 안에 음악을 내보내지 않으면 전체적으로 음악의 양이 줄어든다. 반대로 처음의 5분 안에 음악을 많이 내보냈을 때 그다음에 음악을 많이 넣지 않으면 전체적인 균형이 무너진다. 한마디로 말해서 처음의 5분을 어떻게 하느냐에 따라 영화 전체의 음악이 정해진다고 할 수 있다.

이런 생각을 다른 사람에게 말한 적은 지금까지 한 번도 없었다. 그러다가 어느 해 설날에 미야자키 하야오 감독에게 말했더니, 내 말에 맞장구를 쳐주었다.

"그래요, 처음의 5분이 모든 것을 결정하지요."

'그렇구나! 미야자키 하야오 감독도 나와 똑같은 생각을 하고 있었구나!'

이처럼 무엇이든 처음이 중요하다.

영화는 두 시간, 광고는 불과 15초이지만, 양쪽 모두 한 가지 공통점이 있다. 바로 '처음에 어떻게 상대의 시선을 사로잡느냐 하는 것이다!'

현재 광고의 주류는 15초이다. 그 안에 음악을 들려주는 것은 길어야 7초 정도로, 그 사이에 상대의 머릿속에 강한 인상이 남도록 해야 한다. 이것 역시 매우 어려운 일이다. 또 영화는 대부분 한 번 보고 말지만, 광고는 매일 대량으로 쏟아진다. 그것도 시청자의 의사와 관계없이 텔레비전이 켜져 있으면 일방적으로 눈에 보이고 귀로 들어온다. 수많은 광고들이 끊임없이 쏟아지는 가운데 시청자의 눈을 사로잡아야 하고, 듣게 만들어야 한다. 더구나 몇 번을 보고 들어도 질리지 않게 만들어야 한다. 이 응축력은 영화와는 다른 의미에서 숨이 턱턱 막히곤 한다.

첫인상에서 그 사람의 본질이 나온다는 이야기는 앞에서 언급했다. 그것은 사람도 마찬가지이고, 영화나 광고도 마찬가지이다. 어차피 세상의 이치는 다 비슷하지 않을까?

음악가로서의
가능성을 넓히는
영화음악

　수많은 영화음악을 만들고 있는 미국의 한스 짐머Hans Zimmer라는 작곡가가 있다. 〈레인맨〉으로 주목받은 후 〈라이온 킹〉 〈글래디에이터〉 〈라스트 사무라이〉 등의 음악을 만들었고, 최근에는 〈다빈치 코드〉의 음악을 만들었다.

　예전에 그가 이렇게 말했다는 기사를 어디선가 읽은 적이 있다.

　"영화음악은 의뢰가 들어오고 나서 어떤 음악을 만들지 생각할 때가 최고입니다."

　그 마음은 나도 뼈저리게 이해할 수 있다. 대본을 읽고 일을 맡았을 때는 이런 작품을 만들고 싶다, 이렇게 만들면 재미있지 않을까 하고 이미지가 최대한 확대되면서 작곡가로서 가장 가슴 설레게 된다. 하지만 러시프린트를 보고 감독과 회의를 하면 영상이 아무리 멋있고 주제에 공감할 수 있다고 해도 이미지의 울타리가 생기게 된다. 방향성이 보임으로써 자유롭게 날갯짓했던 작곡자의 이미지가 좁아지는 것이다.

좋은 음악을 만들려고 노력한다. 곡이 만들어진다. 감독에게 들려준다. '이렇게 해주었으면 좋겠다'는 요청이 들어온다. 그 요청을 반영시켜 고쳐 나간다. 조금 우울해진다. 그래도 스스로를 격려하며 다시 곡을 만들고 녹음을 한다…….

작곡가는 곡을 만드는 단계에서 머릿속에 음악이 울려 퍼진다. 그런데 실제로 녹음을 할 때 뮤지션들이 작곡가의 머릿속에서 울려 퍼지는 음악과 똑같이 연주를 해주느냐 하면 꼭 그렇지는 않다. 100퍼센트 똑같은 이미지가 재현되는 것은 아니다. 그때 이미지가 어긋나면 다시 우울함에 빠진다.

마지막으로 영상과 음악을 합치면 그동안 고생해서 만들어 낸 음악 위에 대사가 겹치고 효과음이 들어가면서 음악은 조그맣게 들린다. 처음에는 그토록 가슴이 두근거렸는데, 시간이 갈수록 흥분은 차갑게 식어 간다.

그렇다면 작곡가에게 영화음악은 타협의 산물에 불과한 것일까? 결코 그렇지는 않다. 다른 사람과의 상호협력을 통해 만들어진 세계에 의해 나의 새로운 세계도 넓어진다. 나 혼자서는 결코 생각하지 못한 방향에 눈을 돌릴 수 있는 것이다. 또한 그 감독이 가지고 있는 창조적인 능력이나 정신세계에 의해 자극을 받는 일도 대단히 많다.

그 세계와 혼자 나의 내면을 바라보는 세계와는 완전히 다르다. 평소에는 해보지 않는 방법으로 일해 보거나 "아! 이렇게 했더니 이런 작품이 만들어지는군!" 하고 신선한 놀라움을 경험하기도 한다. 그로 인해 내 세계가 더욱 넓어지고 풍요로워진다는 이점이 있다.

나는 영화음악이나 광고음악과는 별도로 솔로 앨범도 내고 있다. 솔로 앨범은 누가 어떤 작품을 만들라고 하는 것이 아니므로 무엇을 어떻게 만들든 내 자유이다. 극단적으로 말하면 야구의 규칙으로 축구를 해도 상관없다. 때문에 막상 시도해 보면 매우 재미있는 작품을 만들 수 있는 가능성도 있다.

다만 그렇게 제안하는 사람도 나 자신이고, 그것에 무슨 의미가 있는지 판단하는 사람도 나 자신이고, 음악을 만드는 사람도 나 자신이고, 완성된 작품을 세상에 내보내기로 결정하는 사람도 나 자신이다. 물론 레코드 회사의 디렉터나 홍보 관계자, 음악출판사 편집자 등 많은 사람들이 관계되어 있지만, 최종 판단을 내리는 사람은 어디까지나 나 자신이다. 자칫하면 세계가 축소되기 십상인 것이다.

다른 사람들과의 상호협력에 의해 생긴 유연성이나 "이런 방법도 있지 않을까?" "그래, 그런 견해도 있군" 하고 느낄 수 있는 수용 능력의 확대는 혼자서 일할 때는 얻을 수 없는, 나의 새로운 가능성을 증폭시킬 수 있는 재미와 즐거움이다.

    영화음악 일만 계속하다 보면 욕구불만이 쌓이기 마련이다. 내 마음대로 음악을 만들고 싶어지면 앨범을 만들거나 콘서트를 열기도 한다. 그러면 또 영화음악을 만들고 싶어진다. 결국 양쪽을 모두 해야만 음악가로서 균형을 취할 수 있는 것이다.

프로의
일원이라는
자부심

영화 스태프는 프로페셔널의 집합체라고 할 수 있다. 촬영, 조명, 미술, 의상, 편집 등 한 가지 일을 직업으로 삼아 온 사람들은 그 일의 프로만이 알 수 있는 지혜와 경험을 가지고 있다. 하지만 프로의 시점에서 "이렇게 했으면 좋겠다"는 의견을 모두 받아들이면 우왕좌왕, 갈팡질팡해서 영화를 만들 수 없다. 그러므로 프로젝트의 전권을 쥐고 최종 의사결정을 하는 사람, 즉 절대적 존재가 모두의 위에 군림해서 하나의 방향성을 향해 힘을 모아야 한다. 그런 면에서 감독은 프로 집단을 하나로 만드는 통괄자이며, 그와 동시에 그 조직을 이끄는 최고 권위자이다.

감독은 누구보다도 그 영화에 대해서 잘 알고 있고, 전체를 둘러볼 수 있는 위치에 있기 때문에 스태프들도 감독의 의향에 따라서 일을 한다. 하지만 과연 상사가 시키는 대로만 일하는 사람을 우수한 직원이라고 할 수 있을까?

   내가 시키는 대로 순종적으로 일하는 직원은 편하기는 하지만 아무런 재미가 없다. 무모한 짓을 저지르는 독불장군 같은 직원이 오히려 사랑스러운 경우도 있는 것이다.

   "이 건은 자네에게 맡기겠네."

   이렇게 말하고 나면 상사는 직원이 자신의 입에서 "오호!"라는 감탄사가 나올 만한 아이디어를 가져오기를 바란다. 어린아이의 심부름이 아닌 만큼 시키는 대로만 일하는 직원에게는 아무런 매력을 느낄 수 없는 것이다.

   그와 마찬가지로 감독의 의향에 따르는 것도 중요하지만, 감독이 원하는 대로만 만들어서는 안 된다. 가령 감독이 '이번 음악은 이런 느낌이었으면 좋겠다'라고 막연하게 생각하고 있다고 하자. 감독의 막연한 생각을 프로의 입장에서 형태로 만드는 것이 작곡가의 일이다.

   나는 음악 전문가로서 감독이 최선을 다해 찍은 영상을 위해 신선한 음악을 만든다. 감독도 자신의 이미지를 뛰어넘는 음악을 만나고, 새로운 감동을 만나고 싶어 한다. 때문에 나는 감독의 머릿속에 있는 세계를 표현하지만, 감독의 이미지보다 더 확대된 이미지를 제공하고 싶다. 적어도 그렇게 하기 위해서 끊임없이 노력한다.

그런 나에게 재능이 풍부한 사람은 극약과도 같다. 플러스의 영향력도 강하지만 독毒도 숨기고 있다. 잘못 복용하면 죽는다. 그런 사람들과 하나가 되어 일하기 위해서는 그에 걸맞은 각오가 필요하다.

전문적 능력이 있다고 되는 것은 아니다. 문제는 어떻게 하느냐이다. 그러기 위해서는 다음의 세 가지가 필요하다. 첫 번째는 자기 작품에 대한 집착이고, 두 번째는 독선에 빠지지 않는 균형감각, 그리고 마지막으로 강인한 정신력이다. 이 가운데 어느 하나라도 부족하면 진정한 프로라는 이름을 얻을 수 없다.

영화에는 놀라울 만큼 감독의 내적 세계가 고스란히 반영된다. 그중 하나가 템포이다. 스토리와 관계없는 사소한 곳에서 감독이 가지고 있는 생리적 템포가 드러나는데, 배우를 걷게 하는 속도라든지 대화 사이의 공백 같은 그야말로 아주 사소한 부분이다.

어쩌면 일상생활에서 행동하는 감독의 리듬에 가까울지도 모른다. 이것은 대단히 중요하다. 결과적으로 장면의 호흡도 그 템포가 되는 일이 많기 때문이다. 그런 생리적 템포와 음악이 일치하면 영상과 음악의 배치가 훨씬 좋아진다. 반면에 제대로 맞물리지 않으면 아무리 영상과 음악이 좋아도 왠지 복잡하고 혼란스러운 느낌이 든다. 양쪽이 서로 녹아들지 않았기 때문이다.

나는 그것을 내 감각에 의지하여 감과 경험으로 파악하고 있다. 러시프린트를 보는 사이에 템포를 빨리 하거나 늦게 하면서 몸으로 체득하는 것이다. 처음 일하는 감독이라면 그 감독의 다른 작품을 보기도 한다. 머리로 이해하는 것이 아니라 몸으로 느끼기 위해서이다.

그것만 파악하면 정확하게 초수를 재지 않아도 "이 장면에서는 이 정도 길이면 되겠군" 하고 감으로 음악을 끼워 넣어도 별다른 문제가 없다. 음악과 영상이 무리 없이 공존하게 되는 것이다. 서로의 성격이 일치해서 영상과 음악이 친숙해지는 순간이라고도 할 수 있으리라.

나는 대본을 읽으면 "영화 상영시간이 대강 어느 정도 되겠군" 하고 예상할 수 있다. 한국의 영화음악을 만들 때 일본어로 번역된 대본을 읽고 "이 영화는 2시간 10분쯤 되겠군" 하고 생각했더니 거의 맞아떨어졌다. 대본만 보아도 그 영화의 템포를 알 수 있는 것이다.

문제는 홍콩의 영화음악을 만들 때였다. 중국어를 일본어로 번역한 대본을 받았는데 엄청나게 두꺼웠다. "이 정도라면 2시간 반이 넘지 않을까?"라고 여겼는데, 실제로 찍었더니 놀랍게도 1시간 반으로 줄어들었다. 대본에서 "이 장면은 대강 30초쯤 되겠군" 하고 예상한 곳이 눈 깜짝할 사이에 끝나 버렸다. "맙소사! 이 장면이 벌써 끝났어?"라는 상황의 연속으로, 처음부터 계산이 어긋나는 바람에 적잖이 당황할 수밖에 없었다.

대화를 할 때도, 동작을 할 때도 템포가 엄청나게 빨랐다. 정보의 응집력이 일본보다 훨씬 뛰어난 것이다. 나는 그 작업을 하면서 홍콩영화의 엔터테인먼트성을 온몸으로 확인했다.

최근에 음악을 만든 중국영화도 대본이 상당히 길었다. 지난번 홍콩영화의 사례가 있었기 때문에 역시 템포가 빠를지도 모른다고 생각했다. 그런데 러시프린트를 보았을 때 "템포가 너무 느린 게 아닐까? 이 영화, 대체 몇 분이나 될까?"라는 느낌이 들었다. 어떻게 할지 몰라서 고개를 갸웃거리는 사이에 갑자기 대본의 10페이지부터 40페이지 정도가 싹둑 잘려나갔다. 촬영도 모두 끝났는데 한꺼번에 잘려나간 것이다.

나로서는 놀라지 않을 수 없었다. 그러나 그렇게 해도 스토리에 문제가 없고 내용도 빠지지 않았으며 영화의 주제도 더 명쾌해졌다. 하지만 대본을 읽고 영상을 보며 전체적인 느낌 안에서 음악을 만든 만큼, 몇 번씩 본 장면이 한꺼번에 사라지면 전체적인 구성이 일그러진다. 그래서 전체적으로 음악을 다시 만드는 데 많은 시간이 걸렸다.

그런 대담한 부분도 있고, 뜨거운 에너지와 황당한 자극을 받는 부분도 있어서 지금 아시아에서 일하는 데 커다란 의의를 느끼고 있다. 아직은 작업한 영화가 많지 않아서 그런 부분들이 감독 특유의 감각인지, 아니면 그 나라의 국민성과 관계가 있는지, 그것까지는 알 수 없다. 좀 더 경험을 많이 쌓으면 그런 것들이 눈에 들어오리라.

작품의
인격

　감독의 템포를 알기 위해서 여러모로 노력을 하지만, 그렇다고 그 사람의 말과 걸음걸이까지 관찰하지는 않는다.
　"이 사람은 템포가 느리군."
　"이 사람은 성질이 급하고 안정감이 없군."
　이러한 특징은 상대를 만나면 누구나 느낄 수 있는 인상으로, 그것이 결과적으로 영화에 반영된 것뿐이다. 다시 말해 말이나 걸음걸이가 힌트가 되기는 하지만 그것이 100퍼센트 작품에 반영되는 것은 아니다.
　"이 사람은 느긋하고 대범하니까 영화의 템포도 느릴 것이다."

이런 선입관을 가지는 것은 좋지 않다. 평소에 템포가 느린 사람이라도 이번에는 스피디한 작품을 만들고 싶어 할지도 모르지 않은가?

내가 마주해야 할 것은 감독이 아니라 작품이다.

한 개인으로서의 인격과 직업인으로서의 인격은 기본적으로 다르다. A주식회사 영업부 과장으로서의 일하는 방식과 한 개인으로서의 성격이 다른 것과 마찬가지이다. 직업의 세계에서는 계속 일을 하는 가운데 실적이 쌓이며, 점이 선이 되어 간다. 한 사람이 일을 해서 어떤 업적을 쌓았다는 결과가 하나의 세계관을 만들어 가는 것이다.

내 본명은 후지사와 마모루藤澤守이지만, 나 자신의 인격과 작곡가 히사이시 조가 만든 작품과는 기본적으로 다르다고 생각한다. 물론 똑같은 사람이므로 전혀 다를 리는 없지만……. 요컨대 작곡가로서 작품의 '인격'으로 판단하는 것이 아닌 "히사이시 조의 음악은 이러하니까 성격은 이럴 것이다"라고 나를 개인적으로 판단하는 것은 바람직하지 않다.

드뷔시Achille Claude Debussy의 음악은 더할 수 없이 아름답지만, 돈에 인색한 성격이었다고 한다. 이를 뒷받침해 주는 일화가 있다. 어느 날, 그의 아내가 자살하기 위해 약을 먹었다. 그런데 집에서 아내의 모습을 발견한 그는 가장 먼저 쓰러져 있는 아내의 지갑을 조사했다고 한다. 진위는 알 수 없지만 음악과 한 개인의 캐릭터가 반드시 일치하는 것이 아니라는 좋은 사례가 아닐까.

우리가 알고 있는 베토벤은 위대한 작곡가이다. 하지만 지금 살아 있다면 괴짜라 여기며 친구가 되고 싶어 하지 않았을 것이다. 괴테의 편지에는 그의 방문이 매우 귀찮았다고 쓰여 있다. 베토벤의 작품에는 당연히 그의 성격이 나타나 있지만 그것과 그가 만든 멋진 음악과는 차원이 다른 이야기이다. 또한 우리가 고흐의 그림을 볼 때 고흐의 인격을 보는 것은 아니다. 그가 귀를 잘랐다는 사실은 예술가로서의 괴팍스러운 면을 떠올려서 관심을 갖게 되는 계기는 되지만, 그의 그림과는 아무 상관이 없다. 작품은 사람을 나타내기도 하지만, 어디까지나 작품으로 판단해야 한다.

가령 누군가가 청운의 뜻을 품고 회사를 만들었다고 하자. 그는 많은 사람들과 관계를 맺고 사업을 확대한다. 그러다 세월이 지나면 사원도 바뀌고 사장도 바뀐다. 하지만 사람이 바뀌어도 회사는 계속 존재한다. 회사의 실체로서 존재하는 것은 조직이라는 인격체이다. 조직은 사람과 똑같이 하나의 인격을 가진다. 따라서 한 번 회사를 만들면 쉽게 망하게 해서는 안 된다.

작가가 구축해 온 일련의 작품 세계도 회사와 마찬가지로 하나의 인격체라고 할 수 있다. 나는 영화감독을 만날 때 그 사람의 개인적인 인격이 아니라 작품에 의해 만들어진 세계관을 존중하려고 한다. 그 사람의 작품을 어떻게 받아들여야 할지 생각하고, 성공을 향해 120퍼센트의 힘을 끌어내려고 노력한다.

몇 작품을 함께 일해서 호흡을 알고 있는 감독도 있다. 하지만 상대가 나를 선택하는 이유가 나를 잘 알기 때문이거나 인간적인 관계가 있기 때문은 아니다. 한 사람의 독립된 작곡가로서, 한 사람의 크리에이터로서 나를 신뢰하기 때문이다. 기본은 사람과 사람 사이의 인연이 아니다. 좋은 작품을 만들겠다는 '작품에 대한 자세'가 일의 인연으로 작용하는 것이다.

계속 함께 일을 하게 되어도 인간적으로 친밀한 관계를 추구해서는 안 된다. 개인적으로 친해지면 정신적인 면에서 안이함이 나올 수도 있기 때문이다.

나도 인간이다 보니 때로는 적당히 일하고 싶은 마음이 들 때가 있다. 인간적으로 친해지면 어느 순간 이것으로 됐다는 안이함이 나오게 되는 것이다. 중요한 것은 서로 존경하면서도 적당한 거리를 유지하는 것이 아닐까?

음악가의
시점으로 만든
〈쿼텟〉

나는 2001년 〈쿼텟〉이라는 영화를 통해 영화감독으로 데뷔했다. 예전부터 영화를 만들어 보지 않겠느냐는 권유를 많이 받았지만, 미야자키 하야오 감독과 기타노 다케시 감독, 오바야시 노부히코 감독 같은 명감독을 알고 있는 만큼 똑같은 씨름판에 올라가는 것 자체가 송구스러워서 매번 거절했다.

그러던 중 1998년 나가노 장애인 올림픽대회에서 개회식의 종합연출을 맡게 된 것이 계기로 작용했다. 그때의 경험이 자신감으로 이어지면서 음악이 주가 된다면 영화를 만들 수 있을 것 같은 생각이 들었다. 그래서 순수한 음악영화를 만들어 보기로 결심한 것이다.

스토리는 다음과 같다.

음대 시절에 친구들끼리 현악4중주단을 만든 사람이 있다. 하지만 가벼운 마음으로 도전한 콩쿠르에서 어이없이 떨어지고 만다. 지금은 대학을 졸업하고 모두 각자의 길을 걷고 있는데, 하나같이 일이 잘 풀리지 않는다. 그러던 어느 날, 그 네 명이 다시 모여 현악4중주단을 만들어 콩쿠르에 도전하기로 한다.

나는 어쨌든 음악적인 면에서 거짓 없는 작품을 만들고 싶었다. 가장 큰 과제는 악기 연주 장면이었다. 영화나 드라마에서 연주 장면이 나오면 얼굴만 클로즈업될 뿐 손이 보이지 않는 일이 종종 있다. 배우가 악기를 제대로 연주할 수 없기 때문이다. 그러나 나는 그렇게 찍고 싶지 않았다. 그래서 배우들에게 "밤에 잠을 잘 때도 악기를 껴안고 주무세요"라고 말하고, 일주일에 두 번 이상 레슨을 받으며 최대한 악기와 친해지라고 했다.

배우에게 악기 연주를 가르치는 경우, 미국에서는 실제로 연주를 가르치는 훈련과 연주를 잘하는 것처럼 보이도록 하는 훈련이 별도로 있다. 하지만 일본에는 아직 그런 시스템이 없다.

모두 3개월 정도 죽을힘을 다해 연습해서 악기 드는 모습이 그럭저럭 어울리게 되었다. 끊임없이 악기를 접하면 자연스러운 모습을 연출할 수 있게 된다. 이를테면 바이올린을 들고 서 있다든지, 케이스를 등에 메고 걸어도 그럴듯하게 보이는 것이다.

그런데 전신을 찍는 장면은 문제가 없었지만, 악기를 연주하는 손가락이 나오는 클로즈업 장면은 도저히 마음에 들지 않았다. 당시 주인공은 하카마다 요시히코袴田吉彦였는데, 클로즈업 장면에서는 두 사람이 한 사람인 것처럼 보이기 위해서 얼굴은 하카마다, 손은 프로 연주가가 연주하는 방법을 사용했다.

또 한 가지는 내가 영화를 만드는 이상, 음악과 영상에 위화감이 없도록 하고 싶었다. 그래서 상황과 관계없이 들어가는 음악은 최대한 빼기로 마음먹었다. 그러자 상황내음악을 어떻게 이용할 것인가, 그것이 최대 과제로 등장했다.

주 무대는 음악대학으로, 촬영할 때마다 반드시 어딘가에서 음악소리가 들렸다. 그래서 어떻게 하면 그 소리를 사용할 수 있을까 여러모로 연구하기도 했다. 그리고 주인공 일행이 콩쿠르에서 연주하는 곡이 이 영화의 메인 테마였다.

내가 이 영화를 위해 만든 상황외음악은 피아노와 현악기로 연주한 한 곡과 제목 뒤에 깔리는 짧은 음악뿐이었다. 나머지는 모두 상황내음악을 사용하는 실험적인 도전을 한 것이다.

실제로 영화를 만들어 보고 나서 나는 여러 가지 사실을 깨달았다.

첫째, 감독은 엄청난 결단력이 필요한 직업이라는 것이다. 매일 수십 건, 경우에 따라서는 백 건 이상의 결단을 내려야만 한다. 〈쿼텟〉을 찍을 때 그런 상황이 3개월 정도 이어졌다. 영화의 근간에 관한 결단도 있고, 심지어 "이 여자배우의 원피스 지퍼 색깔을 무슨 색으로 할까요?"라는 질문에까지 대답해 주어야 했다. 그렇다고 "뒷모습은 보이지 않으니까 어떤 색깔이든 상관없어"라고 말할 수는 없었다. 감독을 경험함으로써 나는 결단을 내려야 할 때 즉시 판단하는 직감을 단련할 수 있었다.

둘째, 감독은 실로 엄청난 체력이 필요한 직업이라는 것이다. 음악은 육체노동이다. 나는 평소 피트니스클럽에 다니며 열심히 운동했기 때문에 체력 하나만은 자신 있다고 자부했다. 하지만 그런 나일지라도 한여름 뙤약볕 아래에서 촬영하기란 쉽지 않았다.

촬영하는 동안 우리 스태프들은 계속 검은 티셔츠를 입고 있어야만 했다. 하얀 티셔츠가 열을 잘 흡수하지 않는다는 사실을 잘 알고 있었지만, 하얀색은 카메라의 빛에 반사되기 때문이다.

햇볕이 쨍쨍 내리쬐는 곳에서 장시간 촬영하다 보면 엄청난 양의 땀을 흘릴 수밖에 없다. 땀이 흐르고 마르고, 또 땀이 흐르고 마르고……. 저녁때가 되면 검은 티셔츠가 땀에 있는 소금기를 흡수해서 새하얗게 변하는 일들이 매일 반복되었다. 가까스로 쓰러지지 않고 영화를 찍었지만, 체력이 약한 사람은 도저히 감독이 될 수 없다는 사실을 통감했다.

셋째, 영화에는 역시 감독의 내적 세계가 나올 수밖에 없다는 것이다. 음악을 만들 때는 작품에 일정한 선을 긋고 객관적으로 접하지만, 직접 감독이 되어 영화를 만들고 보니 내 취향이나 템포, 정신적인 부분이 생각보다 훨씬 많이 드러난다는 사실을 깨달았다. 시사회에 참석한 지브리 스튜디오의 스즈키 프로듀서가 기묘하게 감탄했을 정도였다.

"주인공의 성격이 당신과 똑같군요. 정말 똑같아요."

나는 그럴 생각이 조금도 없었지만, 나를 아는 사람들의 눈에는 주인공이 나처럼 보였다고 한다.

〈쿼텟〉을 만들 때는 내가 지금까지 함께 일한 감독의 촬영 기법을 참고로 했다. 음악이 중심인 만큼 내용은 담담하게 진행하고 싶어서, 촬영 기법은 기타노 다케시 감독 스타일에 가깝게 했다.

인물에 치우치지 않게 하기 위해서 최대한 대사를 줄이고, 카메라도 인물에 가까이 다가가지 않고 객관적으로 찍기로 했다. 그리고 앞에서 말한 것처럼 연주 장면을 연구해서 그 장면을 돋보이게 하기로 했다.

마지막 부분에 처음부터 계속 미간에 주름을 잡았던 주인공 하카마다 요시히코가 처음으로 웃는 장면이 있다. 그것은 사와이 신이치로澤井信一郎 감독의 촬영 기법을 참고했다. 예전에 〈W의 비극〉의 야쿠시마루 히로코藥師丸ひろこ나 〈초봄이야기〉의 하라다 도모요原田知世가 상대와 헤어질 때 빙글 방향을 바꾸며 최고의 웃음을 보여 준

적이 있다. 그 방법을 남자 주인공에게 적용시켜 본 것이다. 덧붙여 말하면 나는 청춘드라마를 아주 좋아한다.

〈쿼텟〉을 찍고 난 뒤 영화의 내러티브에 대해 새삼스레 생각해 보았다. 그리고 영화는 뭐니 뭐니 해도 내러티브가 중요하다는 사실을 깨달았다.

음악영화를 만들 때 나는 일부러 영화의 내러티브를 억제했다. 등장인물의 인간관계를 세밀하게 묘사하면 내러티브가 강해지고, 스토리 전개에 의식을 빼앗기면 음악이 조연으로 전락한다. 나는 음악에 힘을 주기 위해서는 내러티브를 삼가는 편이 좋다고 판단한 것이다. 하지만 영화는 역시 흥미진진한 내러티브가 있어야 제대로 즐길 수 있지 않을까?

〈쿼텟〉을 만들 때도 아무리 음악이 주인공이라고 해도 어느 정도는 드라마적 요소를 가미했어야 한다고 지금은 생각한다.

영화를 찍고 난 후 나는 예전과는 다른 시점에서 영화를 접함으로써 영화의 본질에 한 발짝 다가설 수 있게 되었다. 이 경험은 앞으로 영화음악을 만들 때 여러 가지 면에서 많은 영향을 미칠 것이라고 생각한다.

4장.

음악,
그 신비함에
대하여

음악은 기억의 스위치이다

 인간은 음악을 들으면 멍해지기도 하고, 눈물이 나기도 한다. 때로는 박수를 치기도 하고, 몸을 움직이기도 하며, 춤을 추기도 한다. 이것은 음악이 가지고 있는 원시적인 힘이다. 이처럼 음악은 인간의 몸과 마음에 직접 호소하는 힘을 가지고 있다.

 초등학교 때, 음악을 구성하는 기본 요소는 멜로디와 리듬, 하모니라고 배웠을 것이다. 그중에서도 기억회로와 직접 이어져 있는 것은 멜로디이다.

 "짜자자잔! 짜자자잔!"

 이 음악을 들었을 때 "아, 이건 베토벤의 〈운명〉의 도입부다!"라고 아는 것은 리듬 때문이지만, 사람들이 기억하는 것은 역시 멜로디이다.

영상이나 사진도 기억과 쉽게 이어진다. 하지만 아무래도 기억의 서랍에서 쉽게 꺼낼 수 있는 것은 음악이다. 가령 〈문 리버〉라는 음악을 들으면 〈티파니에서 아침을〉이란 영화의 한 장면이 떠오를 것이다. 바로 오드리 헵번이 계단에서 기타를 치는 모습이나 티파니의 상점 앞에 있는 장면 말이다. '문 리버~'라는 멜로디를 먼저 인식하고, 그것에서 영상을 떠올리는 것이다. 보통 영상을 먼저 떠올리고 그다음에 음악을 떠올리는 사람은 별로 없다. 그 이유는 시각 정보는 눈으로 들어온 영상이 전두엽을 경유해 뇌로 들어가지만, 음악은 귀로 들어와 해마를 통해 직접 뇌로 들어가기 때문이 아닐까? 이것은 나도 대단히 관심을 가지고 있어서 반드시 해명해 보고 싶은 것 중 하나이다.

더 이해하기 쉬운 예가 있다. 길을 걷다가 젊었을 때 자주 들었던 음악이 흘러나오면 그립다는 감정과 동시에 그 무렵에 사귀었던 사람이라든지, 함께 놀았던 친구들과의 추억이 선명하게 떠오른다. 음악에는 순간적으로 기억을 되돌리는 힘이 있는 것이다.

한편 리듬은 연기처럼 몸 안으로 스윽 들어온다. 음악뿐 아니라 리듬을 가지고 있는 것은 몸이 쉽게 받아들이고 사람의 마음을 편하게 만들어 준다는 장점이 있다. 따라서 단조롭고 인상적인 멜로디와 리듬감이 좋은 음악은 기억하기 쉽다. 광고를 만들 때는 그런 음악을 사용하는 것이 효과적이다.

몸과 마음의 양쪽에서 사람을 끌어당기는 음악의 힘은 연극 세계와 쉽게 이어진다. 양쪽 모두 인간의 심리를 표현하면서도 인간을 즐겁게 만들고 싶다는 목적을 가지고 있기 때문에 드라마틱한 전개가 필요하다. 한쪽은 연기를 통해서 표현하고, 다른 한쪽은 멜로디와 리듬, 하모니를 통해서 표현하는 것이 다를 뿐이다.

연극은 음악을 곁들임으로써 분위기가 고조되고, 음악은 시각적 표현을 동반함으로써 이해하기 쉬워진다. 서로 상호 보완함으로써 한층 드라마틱한 작품으로 완성되는 것이다. 옛날부터 연극과 음악은 떼려야 뗄 수 없는 관계에 있었다. 서양의 오페라, 일본의 가부키와 분라쿠文樂(일본의 대표적인 전통 인형극), 중국의 경극京劇(중국의 대표적인 전통 연극) 등 동서양을 막론하고 연극과 음악은 서로 도움을 주는 관계에 있었다. 영화도 무성영화 시대부터 극장에 악사가 들어가서 영상에 맞는 음악을 연주했다.

"영화와 음악의 구조는 대단히 비슷하다."

이것은 구로사와 아키라 감독의 말로, 그의 말처럼 영화와 교향곡의 구조는 매우 비슷하다.

오페라는 연극적 요소와 음악이 하나로 결합된 장르이다. 감정을 말이 아니라 노래로 표현하는 오페라의 원형이 완성된 것은 16세기 말 무렵으로 이후 많은 음악가들이 오페라를 만들었다.

오페라에서는 조용한 음악도 만들고, 역동적인 음악도 만들 수 있다. 작곡가의 역량을 화려하게 표현하려면 교회나 상류계층의 살롱에서 연주하는 음악을 만들기보다는 당연히 오페라를 만들고 싶었으리라. 작곡가로서 드라마틱한 음악에 끌리는 마음을 나는 가슴으로 이해할 수 있다.

그 시대였기 때문에 오페라를 만들었을 뿐, 당시 오페라를 만들었던 클래식 음악가들(모차르트, 베토벤, 베버, 로시니, 바그너, 베르디 등)이 지금 살아 있다면 모두 영화음악을 만들지 않았을까?

지난 2006년은 모차르트가 태어난 지 250년이 되는 해로, 그에 관한 이벤트가 화려하게 펼쳐졌다. 모차르트는 며칠 만에 교향곡 한 곡을 만들었다고 한다. 어떻게 그렇게 할 수 있었을까? 그것은 당시 교향곡이 길지 않았다는 이유도 있었겠지만, 음악으로서 완벽하게 형식화되어 있었기 때문이다. 당시의 교향곡은, 특히 제1악장은 소나타 형식이 주류를 이루었다. 소나타 형식을 간단히 설명하면 다음과 같다.

일단 제시부에서 제1주제와 제2주제가 제시된다. 제1주제에서 남성적인 주제를 썼다면, 제2주제에서는 여성적인 주제를 써서 서로 대조를 이루게 한다. 이런 성격뿐 아니라 원칙적으로 제1주제는 으뜸조T이고, 제2주제는 장조와 단조에 따라서 나누어진다. 장조에서는 딸림조D, 단조에서는 평행장조Tp나 딸림조인 것이다. 다음에 발전부에서는 제시부에서 썼던 주제를 변형시키고 발전시킨다. 마지막으로 재현부에서는 다시 제시부의 제1주제로 돌아가 조금 더 진행되다 제1악장이 끝난다. 이런 형식을 따르기만 하면 되기 때문에 비교적 짧은 기간 안에 많은 곡을 만들 수 있었던 것이다.

'교향곡의 아버지'라고 불리는 하이든Franz Joseph Haydn이 104곡이나 되는 교향곡을 만들 수 있었던 것도 소나타의 근간에 이런 형식이 존재했기 때문이다.

음악가에게 작가성이란 것을 확실히 찾아볼 수 있게 된 것은 베토벤부터이다. 요즘 말하는 클래식 음악은 교회나 귀족계급을 위한 음악으로, 베토벤 시대부터는 민중에게 다가서는 음악이 만들어지게 된다. 그와 더불어 작품의 색채도 강해지고, 자신의 개성과 예술성을 강하게 의식하기 시작했다. 귀족의 비호를 받으며 음악을 하는 것이 아니라 콘서트나 피아노로 생계를 꾸려가는 등 개인으로서의 존재가 명확해지는 것이다. 또한 그때까지 주류를 이뤘던 '고전파' 형식이 다양해지면서 주관적이며 감정적 요소가 강해졌다. 이때 새로 등장한 것이 바로 '낭만파'이다.

낭만파도 점차 시간이 지남에 따라 형식화하게 되는데, 그러면 다시 새로운 방식으로 표현하고 싶어지는 것이 인간의 속성이다. 이때 등장한 것이 '교향시交響詩'라는 형식으로, 음악을 연극처럼 구성하는 형태이다. 가령 두 사람이 만나서 사랑에 빠지지만 헤어진다든지, 영웅이 나타나서 전쟁에 승리했지만 비참하게 죽음을 맞이한다든지 하는 식으로 음악에 스토리를 부여함으로써 소나타 형식에서 멀어지려고 한 것이다. 그리하여 스메타나Bedrich Smetana의 〈나의 조국〉, 보로딘Alexandr Borodin의 〈중앙아시아의 초원에서〉 등의 교향곡이 태어나게 되었다.

재미있는 것은 정해진 형식에서 탈피하기 위해 음악에 연극적인 요소를 받아들였다는 점이다. 이것을 보아도 역시 음악과 연극은 떼려야 뗄 수 없는 관계라는 사실을 알 수 있다.

과거의 형식을 부정하고 새로운 길을 모색하는 것은 본인에게는 매우 혁명적 일이라고 해도 기나긴 역사 속에서 보면 새로운 일이 아닌 경우가 많다. 오래된 흐름 속에서 길을 약간 벗어난 것뿐이라고나 할까? 인간은 커다란 흐름 속에 있는 작은 톱니바퀴에 지나지 않는다. 그런데 그 작은 존재가 조금씩 변화를 초래하고 그것이 몇 개씩 겹치면 사물이 움직이고 흐름 자체가 변하게 된다. 그런 과정을 통해서 바뀌는 커다란 흐름, 그것이 바로 문화가 아닐까? 그렇다면 내가 지금 영화음악을 만드는 것도 특별히 새로운 일이 아니라 한 사람의 작곡가로서 필연적인 일이리라.

새로운 도전 -
나는 앞으로
무엇을 해야 할까?

    21세기인 지금, 뒤를 돌아보면 20세기는 리듬의 시대였다고 할 수 있다. 20세기의 가장 상징적인 음악은 팝이다. 이제 팝은 완전히 세계 공통의 음악으로 자리 잡았다. 하지만 실제로 팝의 역사는 그리 길지 않다. 팝이 베이스 기타와 드럼, 피아노로 이루어지는 음악이란 관점에서 보면 팝의 역사는 고작해야 80년밖에 되지 않는다. 그렇다면 팝은 어떻게 이토록 짧은 시간에 세계를 석권하고 길거리를 장악하게 되었을까? 가장 큰 이유는 바로 리듬이다.

    클래식은 끊임없이 형식이 바뀌는 가운데 20세기에 접어들면서 더욱 복잡해졌다. 20세기 초반까지는 그래도 괜찮았지만 1940년에서 1950년 사이에 리듬을 잃어버렸다. 불협화음이 많아지고 소리의 구성이 복잡해지면서 악보는 새카매졌다. 전문가의 해석을 들어야만 이해할 수 있는, 사람들의 일상생활에 필요 없는 음악이 된 것이다. 다시 말해 실체를 잃어버렸다고 할 수 있으리라. 원래 논리가 비대해지면 실질實質은 빈약해지게 마련이다. 그때 현대음악 안에서 내가 예전에 했던 미니멀 뮤직의 흐름이 나타났지만, 그 이야기는 일단 차치해 두자.

20세기는 팝의 시대이고, 그것은 곧 리듬의 시대였다. 20세기 음악의 가장 큰 특징은 리듬이다. 그리고 그 리듬의 원천은 흑인이 바다를 건넌 것에서 기인한다. 20세기에 접어들면서 아프리카 흑인들은 노예로 미국에 건너가게 된다. 상아해안Ivory Coast에서 뉴올리언스로 흘러들어간 것이다. 그 흑인 노예들의 음악과 백인들의 음악이 수많은 알력 속에서 뒤엉키며 재즈가 태어나게 된다. 딕시랜드 스타일Dixieland style(19세기 말에서 20세기 초에 뉴올리언스에서 생긴 가장 초기의 재즈)에서 점차 정통 재즈 스타일로 발전해 나간 것이다. 또한 아프리카 흑인들이 중남미로 건너가 황색인종과 관계를 맺으면서 라틴음악이 태어났다. 아프리카 사람들이 가지고 있던 강렬한 리듬이 전면에 등장함으로써 누구나 쉽게 받아들일 수 있는 음악이 태어난 것이다.

리듬을 잃어버린 클래식이 사람들의 시선에서 벗어남과 동시에 리듬을 전면에 내세운 재즈를 경유한 팝은 외우기 쉬운 멜로디와 함께 사람들에게 친숙하게 다가갔다. 그리고 많은 사람들의 사랑을 독차지하며 단숨에 세계를 석권한 것이다.

나는 이 시대를 살아가는 한 사람의 음악가로서 존재한다. 학창 시절에 배운 클래식의 연장선으로 한때 미니멀 뮤직을 추구했지만, 그곳에서 모순을 느낀 이후에는 철저하게 엔터테인먼트를 추구해왔다. 21세기에 접어든 지금, 나는 어떻게 해야 할까? 앞으로 어떤 식으로 음악활동을 해나가야 할까? 한 사람의 작곡가로서 음악과 시대의 흐름 속에서 어떤 위치에 있어야 할까? 요즘 들어 이런 고민이 나의 머릿속을 가득 메우고 있다.

미국에 필립 그라스Philip Glass라는 작곡가가 있다. 미니멀 뮤직 분야에서는 세계적으로 유명한 사람으로, 자기 작품을 만들면서 동시에 영화음악도 만들고 있다. 대단히 명쾌한 사고방식의 소유자인 그는 기본적으로 미니멀 뮤직을 하면서 새로운 음악을 모색하고 있다.

영국에 마이클 니만Michael Nyman이라는 작곡가가 있다. 그는 원래 조형예술에 사용하던 미니멀이라는 단어를 음악에 맨 처음 사용한 사람이다. 그도 자기 작품을 만들면서 영화음악을 만들고 있다. 제인 캠피온Jane Campion 감독의 〈피아노〉 영화음악이 그의 작품이다.

일본에서 미니멀 뮤직을 하던 나 역시 영화음악을 만들고 있다. 그럼에도 나는 현대 클래식 작품을 만들지 않았다. 물론 내가 만든 음악 여기저기에는 미니멀 뮤직의 느낌이 들어가 있다. 하지만 작품이라고 할 수 있는 것은 하나도 없다. 한 사람의 작곡가로서 내가 해야 할 일은 무엇일까? 그렇게 생각한 순간, 그것이 가장 마음에 걸렸다.

2006년, 나는 〈Asian Crisis〉란 곡을 만들었다. 그 곡은 당시의 내 심경을 반영한 새로운 스타일의 작품이었다.

미니멀 뮤직에서 엔터테인먼트 음악으로 전환한 20대 시절, 나는 거의 피아노를 이용해서 곡을 만들고 악보를 그렸다. 그런데 〈바람 계곡의 나우시카〉의 음악을 만들 때, 페어라이트fairlight라는 기계를 처음 알게 되었다. 그 기계를 맨 처음 사용해서 만든 곡이 〈나우시카 레퀴엠〉으로, 아이들의 노랫소리 뒤쪽에 사용해 보았다. 그 이후 나는 완전히 그 기계에 매료되어 당시 돈으로 1,600만 엔이나 하는 고가의 기계를 과감하게 구입했다. 이후 내 작곡 스타일은 180도 바뀌었다. 작품을 만들기 위해 작곡 아이디어를 구체적인 수치로 바꾸어야 했기 때문이다. 그로 인해 나는 내 안의 감각에 의지해서 작품을 만들던 것에서 벗어나 나 자신을 한 꺼풀 벗겨내어 객관적으로 바라보게 되었다.

그렇게 비싼 기계임에도 불구하고 지금의 미디MIDI(전자악기를 컴퓨터로 제어하기 위한 인터페이스)와 달리 8채널밖에 없기 때문에 동시에 8개 소리밖에 낼 수 없었다. 그로부터 얼마 지나지 않아 16채널의 기계가 나왔다. 그렇더라도 동시에 낼 수 있는 소리가 16개밖에 안 된다면 현악기 분야에서는 턱없이 부족하다. 그래서 어떻게 하면 소리를 절약하느냐, 어떻게 하면 쓸데없는 소리를 생략하느냐에 모든 신경을 집중했다. 페어라이트를 사용함으로써 정말로 필요한 소리의 요소가 무엇인지 감각적으로 파악하게 된 것이다. 또한 주로 영국에서 녹음을 했을 때 스튜디오 뮤지션이 아니라 밴드 계통의 리듬 멤버를 사용한 적이 있다. 그들은 악보를 읽을 수 없지만 귀로 소리를 기억했다. 그들은 코드 이름도 모르지만 소리를 듣는 순간 "아아! 이 음이라면 이런 기타의 이런 소리가 좋다"고 말하며 즉시 연주하기 시작했다. 그것은 대단히 좋은 경험으로, 악보를 쓰지 않음으로써 오히려 감각을 연마할 수 있게 되었다.

작곡가의 일은 악보를 쓰는 것이 아니다. 악보는 음악을 만드는 하나의 과정일 뿐이다. 즉 악보가 없어도 얼마든지 음악작업을 할 수 있다.

그 이후 점점 기계가 발달하면서 녹음 방법을 포함해 기술적인 부분이 많이 바뀌었다. 누구나 기계에 곡을 입력할 수 있고, 더구나 기계 가격도 저렴해졌다. 심지어 수만 엔 정도의 기계를 이용해 집에서 간단히 작업할 수 있기 때문에 반드시 녹음 스튜디오를 사용할 필요도 없어졌다. 그 결과 사운드가 모두 비슷해지는 상황에 이르렀다.

그런 상황 속에서 어떻게 해야 할까? 나는 작곡가로서 다시 악보를 만들기로 결심했다. 녹음도 기계로 소리를 만드는 스튜디오 작업에서 탈피해 공연장에서 생생한 오케스트라 소리를 사용하는 방향으로 전환하는 것, 이것이 지금의 내 방식이다. 과거로 돌아가는 것이 아니라 디지털 시대이기 때문에 그렇게 하고 싶어진 것이다.

이때 가장 중요한 것은 악보이다. 나는 마치 대학 시절로 돌아간 것처럼 클래식 악보를 볼 기회가 늘어났다. 그러자 예전에 보지 못했던 소리의 구성이나 의미를 알게 되었다. 그것은 10대에 읽는 셰익스피어와 50대에 읽는 셰익스피어가 다른 것과 마찬가지이다.

역시 평생을 클래식에 바친 작곡가의 악보는 입이 다물어지지 않을 만큼 훌륭하다. 그들은 악기에 대해서도 잘 알고 있었다. 스트라빈스키Igor Fyodorovich Stravinsky, 버르토크, 말러Gustav Mahler 등 입에 침이 마르도록 찬사를 보내도 부족할 지경이다. 그들에 뒤지지 않을 만큼 악보를 쓸 수 있다면 얼마나 좋을까? 그것이 지금의 내 꿈이다.

최근 들어 오케스트라의 지휘를 자주 하는 것은 바로 이러한 이유 때문이다.

너는 세계 제일이다

화가는 그림을 그리면 그대로 작품이 되지만, 작곡가는 악보를 쓴다고 해서 음악이 되는 것이 아니다. 누군가 연주를 하거나 노래를 해서 대중에게 들려줘야만 비로소 작품으로 성립된다. 피아노곡이라면 피아노 연주자가 필요하고, 교향악이라면 오케스트라가 필요하다.

영상이라는 비주얼이 있는 영화음악에서는 연주자가 얼굴을 보여 줄 필요가 없다. 하지만 음악가로서 콘서트를 할 때 무대의 한쪽 구석에 앉아서 다른 사람들에게 연주를 맡기고 "이것이 내 곡입니다, 어떻습니까?"라고 말할 수는 없지 않은가.

연주를 하는 사람이 본인이 아닌 경우에는 실체가 보이지 않는다. 하지만 관객이 쉽게 이해할 수 있도록 하기 위해서는 본인이 직접 연주해야 하지 않을까? 뛰어난 피아니스트는 얼마든지 있다. 하지만 작곡가 히사이시 조의 창작 의도를 가장 잘 알고 있는 사람은 다름 아닌 나 자신이다. 테크닉은 어느 정도 연습하면 극복할 수 있으리라.

이렇게 생각한 결과, 나는 내가 만든 음악을 표현하기 위해 피아노를 연주하거나 지휘를 하게 되었다. 연주자로서 피아노를 치기 시작한 것은 서른 살이 지나서이다. 그 이후에도 계속 피아노를 치고 있지만, 작곡가로서 소리를 내기 위한 도구이지 다른 사람에게 들려주기 위해서는 아니다. 어디까지나 내 머릿속에 있는 소리를 확인하기 위해서이다. 그런데 남에게 들려주기 위해서 피아노를 연주해야 하다니, 이것은 보통 일이 아니지 않은가. 나는 하루에도 몇 시간씩 모든 정열을 바쳐 피아노를 연습했다.

지휘에서 가장 중요한 것은 곡을 어떻게 해석하느냐이다. 이것 역시 어려운 일이기는 하지만 소리는 내가 내는 것이 아니라 오케스트라가 내는 것이다. 따라서 피아노를 직접 연주하는 것보다는 마음이 편하다.

지휘는 격렬한 육체노동으로, 어깨와 허리, 팔의 근육을 사용한다. 맨 처음 지휘를 했을 때는 어깨가 너무 아파서 팔을 들어올릴 수 없었던 일도 있었다. 본격적으로 지휘를 하기는 어렵지만, 지금은 뛰어난 일류 연주자들의 도움을 받아 그럭저럭 해나가고 있다.

그런데 피아노를 연주할 때는 누구의 도움도 받을 수 없다. 나 스스로 소리를 내야 하는 것이다. 지금도 가장 힘든 것은 피아노 연주로, 콘서트에서 피아노를 치기로 되어 있으면 그 이전부터 마음이 무겁다. 어린애처럼 불평을 늘어놓고 싶지는 않지만, 콘서트가 가까워지면 매일 열 시간 이상 연습에 몰두한다. 그만큼 연습하지 않으면 무대에 올라갈 마음이 들지 않는 것이다.

무대에 오르기 전에 나는 매번 똑같은 행동을 반복한다. 순서까지 세밀하게 정해져 있는, 도장을 찍은 것처럼 똑같은 패턴이다. 그런 행동을 통해서 집중력을 높이는 것이다. 오후 3시 정도부터 게네랄프로베generalprobe(합주 단체가 공연 전에 하는 마지막 총연습)를 시작해서 5시쯤 끝낸다. 그리고 가볍게 식사를 하고 45분간 가면假眠을 취한다. 그래서 대기실에는 반드시 침대를 준비해 달라고 말한다. 잠에서 깨면 화장실에 가고 담배를 피우고 수염을 깎고 세수를 하고 이를 닦고 스트레칭을 한 다음 팬티와 양말을 전부 새것으로 갈아입은 후 옷을 입는다. 여기까지 하고 나면 거의 공연 시작 15분 전이 된다.

그 시간이 되면 사람들을 모두 대기실에서 내보낸다. 그런 다음 테이블 위에 수건을 깔고 피아노 건반을 떠올리며, 피아노 교본인

'하농'을 치는 시늉을 하며 손가락을 푼다. 공연 직전에 실제 피아노를 연주했다가 좋았던 기억은 한 번도 없다. 대기실에 있는 피아노로 손가락을 풀고 무대에 오른 적도 있지만, 대기실과 무대는 소리도 다르고 건반의 터치도 다르기 때문에 오히려 균형이 무너질 뿐이다. 그래서 피아노가 있든 없든, 수건 위에서 이미지 트레이닝을 한다.

그런 다음 대기실에 있는 큰 거울에 온몸을 비추며 거울 안의 나에게 기운을 안겨 준다. 그리고 지금까지 최고로 긴장하고 가장 압박받은 순간을 잇달아 떠올린다.

"체코 필하모니 관현악단과 연주했을 때를 생각해 보라. 그 순간도 극복하지 않았던가."

"칸Cannes에서는 어떠했는가? 그때도 잘 넘기지 않았던가."

나 자신에게 이렇게 말하며 무사히 연주를 마친 순간을 떠올린다.

"네 음악은 세계 제일이다. 그 음악을 연주하는 너는 세계 최고이다. 다녀와라!"

마지막으로 이렇게 기합을 넣고 대기실을 나선다. 이것이 대강의 패턴이다. 공연장이나 공연 시간에 따라서 조금 다른 경우도 있지만, 기본적으로는 이렇게 한다. 공연을 하기 전에는 항상 긴장하고 압박을 느낀다. 하지만 그것은 결코 고통스러운 일이 아니다. 공연을 하기 전에 긴장도 없고 압박도 없는 일은 있을 수 없지 않은가.

인간은 살아가는 과정에서 아수라장을 경험하고, 그것으로부터 빠져나옴으로써 한 단계 성장한다. 높은 수준의 아수라장을 경험하면 그만큼 빨리 성장할 수 있는 것이다.

최고의 청중은
나 자신이다

　상업음악가를 표방하고 있는 이상 일을 의뢰하는 사람이 없으면 직업인으로 살아갈 수 없다.
　"솔로 앨범을 내고 있지 않습니까? 그것은 본인이 하고 싶은 세계이지요?"
　이렇게 말할지도 모르지만, 이 세계는 대단히 명쾌해서 팔리지 않으면 솔로 앨범을 만들 수 없다. 앨범을 만들었다 → 팔리지 않는다 → 적자가 났다. 그러면 그다음은 없다. 그래서 앨범을 낼 때마다 당연히 팔기 위한 전략을 생각해야 한다.
　사람들에게 쉽게 다가가고 친숙한 음악을 만들기 위해서는 한 가지 방법밖에 없다. 좋은 멜로디와 편안한 리듬, 멋진 화음을 어떻게 접목시키느냐 하는 것이다. 그런데 그런 일만 하다 보면 작곡가로서 아무런 재미가 없다. 다른 일을 하고 싶고, 이런저런 방향으로 나아가고 싶어지는 것이다. 단, 그러면 마니아적인 방향으로 달려갈 수 있고, 사람들에게 친숙하지 않은 음악이 될 수 있다는 사실도 알고 있다. 그래서 그 사이에서 갈등하는 경우가 많다. 상업음악가로서의 마인드와 창작자로서의 처지, 작가로서의 순수한 만족도 사이에는 간극이 있을 수밖에 없다.

솔로 앨범은 영화음악과 달리 내가 만들고 싶은 음악을 만드는 자리이기는 하지만, 역시 많은 사람들이 들을 수 있도록 노력해야 한다. 내 마음대로, 내가 좋아하는 대로 만든다고 되는 것이 아니다.

그러면 음악을 듣는 사람과 어디에서 소통해야 하는가? 나는 항상 시대의 바람을 의식한다. 시대의 요구와 나의 음악활동을 어디서 어떻게 하나로 연결시키느냐 하는 문제를 두고 그 둘 사이에서 왔다 갔다 하며 머리를 감싸고 고민하고 있다.

지금까지는 영화음악과 광고음악, 솔로 앨범과 콘서트를 내 일의 양쪽 수레바퀴로 삼아 왔지만, 최근 들어 그곳에 하나의 방향성을 추가하고 싶은 마음이 간절하다. 상업음악가라는 굴레를 벗어 버리고 내가 정말로 표현하고 싶은 세계를 가져도 되지 않을까? 그러면 지금보다 훨씬 큰 자유를 얻을 수 있지 않을까?

우리는 학창 시절에 음악이론에 대해 열심히 공부했다. 하지만 이론을 열심히 공부한다고 해서 곡을 만들 수 있는 것은 아니다. 이론은 과거의 음악을 체계화하고 정리하는 데는 도움이 되지만 창작하는 데는 아무런 도움이 되지 않는다. 미래의 길을 예측할 수는 있어도 그것 자체에서는 아무것도 만들어 낼 수 없다. 결국 머리로 생각하기만 해서는 안 된다. 머릿속으로 아무리 명쾌하게 분석해도 가장 중요한 핵심에는 접근할 수 없는 것이다.

최근 들어 경영학 석사인 MBA를 취득하는 사람이 늘고 있다. MBA를 취득해서 기업에 들어가 열심히 일하면 좋은 참모가 될 수 있다. 하지만 MBA를 취득했다고 해서 최고 경영자가 될 수는 없지 않을까?

마케팅 이론으로 분석할 때 이 길이 가장 안전하다, 이 길로 가면 회사가 크게 성장하는 방법이 있다고 하자. 그런 분석은 어느 회사에서도 하고 있지만, 실제로 그 길로 나아가 봤자 큰 수익은 나지 않는다.

경영자의 업무는 창조력을 발휘하는 것이다. 회의에서 전 직원이 오른쪽이라고 말할 때 "아니, 자네들의 생각과는 반대로 왼쪽으로 가야 하네"라고 주장하며 왼쪽 방향으로 결정하는 사람, 그런 건 곤일척乾坤一擲의 도박에 나서야 하는 사람이 바로 경영자이다. 그러나 도박이 아니라 사업인 만큼 "우연히 성공했다! 이게 웬 행운이냐?"라고 말할 수는 없지 않은가? 경영자는 어떤 상황에서도 끊임없이, 그리고 확실히 수익을 올려야 하기 때문이다.

창업자이며 독단적인 경영자 중에는 뛰어난 직감을 가지고 있는 사람이 많다. 그들은 자기만의 독단적인 방법을 이용해서 성공의 계단을 착실히 올라왔다. 다만 그런 사람의 최대 결점은 자기밖에 믿지 않는다는 것이다. 그들의 주위에는 간신 같은 임원이나 시키는 대로만 일하는 멍청한 간부밖에 없다. 더구나 혼자 생각하고 혼자 판단하면 어느 순간부터 직감이 둔해지기 마련이다. 그때 주위에 의견을 말할 수 있는 사람이 없거나, 있어도 그 사람의 의견을 듣지 않으면 벌거벗은 임금님이 될 수밖에 없다. 역사적 인물 중에 그런 사람을 흔히 찾아볼 수 있다.

최초의 싹은 남의 말을 듣지 않고 본인의 직감에 의지하여 성공한 것에 있다. 처음부터 이미 패인이 숨어 있는 것이다. 직감에만 의지하면 여기저기에 그런 위험이 도사리고 있다. 따라서 그런 사람에게는 우수한 참모가 필요하다. 주위 사람의 의견을 들으면서 최후의 순간에는 자신의 의지로 판단해야 한다. 그렇지 않은 회사는 오래 살아남을 수 없다.

머리로 만든 세계나 '1+1=2'의 세계만이 옳다고 여기는 사람은 경제 사회에서 오직 확대재생산의 길로 돌진하게 된다. 그것은 인간이 진심으로 바라는 길이 아니라고 생각한다. 이념에는 한계가 없지만 현실에는 한계가 있다. 그래서 모든 샐러리맨은 고민한다. "나는 영원히 이어지는 확대재생산의 울타리 안에서 어떻게 살아가야 하는가?"라고 말이다. 도시형 생활자들이 모두 초조함과 불안에 시달리는 이유는 그것 때문이 아닐까?

일도, 감성도, 나 자신도 이 세상에 확실한 것은 하나도 없다.

타자는 투수가 던진 공을 칠 때 영 콤마 몇 초 사이에 판단을 내린다. 공을 치는 순간의 판단과 신체의 컨디션이 정확히 일치했을 때 홈런이 나오는 것이다. 가령 어느 해에 컨디션이 좋아서 3할대의 타율을 기록하고 수위타자가 되었다고 하자. 그런데 다음 시즌에 접어들면 본인은 똑같다고 생각해도 시력이나 신체의 컨디션이 미묘하게 어긋나는 경우가 있다. 즉 컨디션이나 타법을 조금씩 바꾸지 않으면 매년 3할대의 타율을 기록할 수 없는 것이다. 지난 시즌과 이번 시즌 모두 좋은 기록을 낼 수 있는 것은 같은 타법으로 공을 쳤기 때문이 아니다. 자신의 컨디션에 맞추어 타법을 바꾸었기 때문이다.

작곡가도 이와 다르지 않다. 대중들에게 들려주는 음악에서 가장 중요한 것은 일단 내가 첫 번째 청중으로서 감동해야 한다는 것이다. 내가 감동하지 않으면 주변 사람, 나아가서는 청중의 마음을 감동시킬 수 없지 않을까? 때문에 끊임없이 나 자신이 감동할 수 있는 음악을 향해 나아가야 하는 것이다. 다만 무작정 "좋다!" "좋아한다!"라고 흥분하는 게 아니라 머리로 생각하고 피부로 느낀 것, 영화나 그림을 보고 감동한 것을 총동원해서 작품을 만들어야 한다.

사람의 컨디션은 매일 달라진다. 또한 세월이 지나면 육체도 바뀌게 된다. 다시 말해서 그때, 그 순간마다 내 목표와 표현 방법은 달라질 수밖에 없다. 매번 달라지는 조건 속에서 새로운 길을 모색하며 좋은 음악을 만들고, 좋은 결과를 내려고 최대한 노력하고 있다.

나는 가끔 이런 생각을 할 때가 있다.

"음악은 나를 행복하게 만들어 주지 않는다."

그만큼 나를 고민에 빠뜨리고 괴로움 속으로 밀어 넣기 때문이다. 그래도 나는 음악을 그만둘 수 없다. 아무것도 없는 백지 상태에서 곡을 만들어 내는 순간, 그것이야말로 무엇과도 바꿀 수 없는 내 최대의 행복이기 때문이다.

5장.

창조성의 본질

전통악기는
뜨거운 감자

나는 독특한 느낌이나 특이한 세계관을 표현하고 싶을 때 민속악기나 전통악기를 사용하는 일이 있다. 그런데 영화감독들은 전통악기를 별로 좋아하지 않는다. 최근에 작업한 중국영화에서 중국의 전통악기인 호궁胡弓과 비파, 고쟁古箏 등을 사용해 보았다. 그리고 그 음악을 감독에게 들려줬더니 별로 사용하고 싶지 않다고 했다.

전통악기의 음색은 개성이 몹시 강하다. 서양악기로 이루어지는 음악 속에 들어가면 재미있다는 효과가 있지만, 동시에 자극이 너무 강하다는 측면도 가지고 있다. 일본의 전통악기를 생각해 보면 쉽게 이해할 수 있으리라. 가령 퉁소 소리가 들리면 순간적으로 대나무

숲이나 정처 없이 떠돌아다니는 스님의 모습이 떠오른다. 기존의 이미지가 너무 강렬해서 퉁소 소리만을 순수하게 받아들일 수 없는 것이다. 그리고 그런 이미지가 영화에 대한 순수한 감정이입을 방해한다.

로브 마샬Rob Marchall 감독의 〈게이샤의 추억〉에는 퉁소와 횡적, 거문고 등을 사용했는데, 일본인의 입장에서 보면 고개가 갸웃거려진다. 단순히 이국적 정서를 내는 요소로밖에 보이지 않기 때문이다. 하지만 전통악기에는 전통악기밖에 낼 수 없는 오묘한 맛이 있다. 깊은 맛을 내기 위해 사용하면 커다란 효과를 발휘할 수 있는 것이다. 더구나 나는 감독이 난색을 표할수록 더욱 사용하고 싶어지는 고약한 기질을 가지고 있다.

사실 〈모노노케 히메〉 때도 이 문제에 직면한 적이 있었다. 무대가 고대 일본인 관계로, 나는 일본의 전통악기를 많이 사용하려고 했다. 지브리 스튜디오 작품을 만들 때는 본편의 사운드트랙이 나오기 전에 이미지 앨범을 만드는 일이 많은데, 그때 퉁소와 비파를 사용했다. 하지만 미야자키 하야오 감독은 얼굴을 찡그리며 이렇게 말했다.

"그 소리가 들리는 순간 '여기는 일본입니다!'라는 딱지가 붙게 되지요. 그러면 순수한 마음으로 영화에 몰입할 수 없게 됩니다."

결국 〈모노노케 히메〉의 본편에는 전통악기를 사용하지 않고 세 번의 하모니를 연주한 다음에 밑에는 피리, 위에는 남미의 퀘나 quena(페루의 안데스 지방 인디오들이 애용하는 소형 피리)를 겹쳐서 만들었다. 그렇게 해서 기본은 오케스트라라도 서양의 취향이 아닌 독특한 느낌을 주고 싶었던 것이다.

중국 영화 〈이모의 포스트모던 라이프〉에서는 메인 테마의 맨 앞쪽에 민속악기를 사용하고, 후반부에서는 그 음악을 현악기와 피아노에 접목시켰다. 메인 테마로는 별로 친밀한 멜로디가 아니다. 정서를 배제하기 위해 일부러 음역을 확대했기 때문이다. 멜로디의 폭이 크다는 말은 노래하기 쉽지 않다는 말이다. 일부러 노래하기 힘들게 만들면 관객들이 주인공의 심리에 푹 빠지지 않고 냉정한 시선을 유지할 수 있다. 전체적으로 음악의 양을 줄인 이유도 그 때문이다.

최근 몇 년간 나에게는 아시아의 해가 이어지고 있다. 한국과 중국의 영화음악을 만들거나 그 나라에서 콘서트를 하면서 내가 일본인이라는 사실, 그리고 아시아의 일원이라는 사실을 강하게 인식하게 되었다. 그러자 시선이 일본 내부에 향해 있을 때는 알 수 없었던 사실을 깨닫게 되었다. 위치가 달라짐으로써 일본과 일본인을 객관적으로 볼 수 있게 된 것이다. 여기에서는 그런 와중에 내가 실감한 일본과 일본인에 대해서 이야기하고자 한다.

2006년 베이징에서 첫 녹음을 할 때는 차이나 필하모닉 오케스트라가 메인 테마부터 녹음을 했다. 그 직전까지는 "과연 이렇게 해도 될까?"라는 망설임이 있었지만, 맨 처음 소리가 나온 순간 "아아! 이렇게 하기를 잘했다"라고 무릎을 치며 감탄했다. 지금까지 경험해보지 못한 독특한 세계가 만들어진 것이다.

그 뒤 중국에서 두 번째 녹음과 트랙다운을 하면서 "예상치 못한 일이 있으리라는 예상은 했지만 역시나……"라고 느끼는 일이 많았다. 하지만 지금도 중국에서 작업하기를 잘했다고 생각한다. 만약 일본에서 작업했다면 결과가 눈에 뻔히 보였으리라. 나는 한 번도 작업해 본 적이 없는 곳에서 녹음을 한다든지, 지금까지 해보지 않은 방법으로 일한다든지, 미래가 불투명하고 온몸에 소름이 끼치는 절박감 속으로 자신을 몰아넣는 것을 좋아한다. 그 앞에는 반드시 재미있는 미지의 세계가 기다리고 있기 때문이다. 앞이 보이지 않는 길로 들어가면 재미있는 세계가 펼쳐지지 않는가? 이번 역시 여러 가지 문제가 있었지만 의미 있는 작업이었다고 생각한다.

쇼소인正倉院(일본 왕실의 유물창고)에 가면 세계에서 하나밖에 없는 5현비파인 '나전자단 5현비파'가 있다. 비파는 서아시아에서 실크로드를 거쳐 중국과 일본에 흘러들어 온 악기로, 지금은 4현이다. 5현비파는 인도와 중국에서도 찾아볼 수 없다. 단지 실크로드 타클라마칸사막 안에 있는 키질 천불동千佛洞의 석굴 벽면에 5현비파

그림이 남아 있을 뿐이다. 비파가 일본에만 남아 있는 것은 아주 흥미로운 일이다.

중국에서 일을 하다 보면 중국인과 일본인의 정리능력 차이에 경악하는 일이 종종 있는데, 역시 일본인은 시스템 관리에 탁월한 능력을 가지고 있다.

이와 똑같은 일을 일본과 중국의 전통음악에서도 찾아볼 수 있다. 궁중 의식에서 사용하던 일본의 전통예능인 아악雅樂을 예로 들어 보자. 일본에서는 지금도 헤이안시대平安時代(794~1192년)와 똑같은 악기, 똑같은 연주 방법으로 그 시대의 음악을 들을 수 있다. 부모가 자식에게, 스승이 제자에게 비법을 전수한 결과 옛날과 똑같은 형태가 남아 있는 것이다. 그래서 지금도 천 년 전과 똑같은 음악을 생생하게 들을 수 있다.

반면 중국에는 천 년 전의 음악이 형태도 남아 있지 않다고 한다. 전통음악 자체가 남아 있지 않은 것이다. 전승 과정에서 스스로 연구해서 계속 바꾸었기 때문에 이미 원형을 찾아볼 수 없다고 한다. 민속음악 학자인 고이즈미 후미오小泉文夫의 책에도 그렇게 쓰여 있는데, 나는 중국에서 직접 확인하고는 고개를 끄덕였다.

중국의 비파 연주자가 과거의 전통적인 연주 방법에 대해 열심히 조사하고 있기는 하지만, 자료가 거의 남아 있지 않다고 한다. 지금은 조현調絃도 다르고 손가락 위치도 다르기 때문에 똑같은 악기라고 할 수 없을 지경이다.

이것은 그 나라의 국민성을 알 수 있는 매우 중요한 증거이다. 일본인은 윗사람이 시키는 대로 그대로 계승하지만, 중국인은 자기 나름대로 창의적인 연구를 한다. 그래서 중국의 전통음악은 세월의 흐름에 따라 조금씩 달라진다. 반면 일본인은 충실하게 지키는 것은 잘하지만 창의적인 연구는 그다지 하지 않는다. 한마디로 말하면 창조성이 떨어지는 것이다. 일본인은 전통도 잘 지키고 창의성도 풍부하다고 여길지 모르지만, 의외로 창의성이 약한 민족이다. 그것은 나 자신에게도 느끼는 것이지만······.

중국인은 전통을 그대로 살리지 않는다. 그들은 이렇게 생각한다.

"전통을 그대로 살리는 것은 답습에 불과하다. 전통을 그대로 답습하면 그것은 이윽고 사멸할 뿐이다."

다시 말해 그 시대의 요구에 따라 형태가 달라져야 한다고 여기는 것이다. 물론 다른 이유도 있다. 정치적 문제로 연주를 금지하는 등 국가의 개입이 많았기 때문이다.

반면 일본인은 순순히 받아들이는 능력은 뛰어나다. 하지만 전통에 손을 대서는 안 된다는 생각이 강하다. 창의적인 연구를 해서 전통을 바꿔서는 안 된다고 생각하는 것이다. 학창 시절에는 냉소적이고 자기주장도 강하며 자유분방하게 살던 사람이 회사에 들어간 순간 순종적이며 보수적인 사람으로 변하는 것과 비슷한 현상이다. '튀어나온 못이 정 맞는다'라는 말처럼 어쩌면 일본은 튀어나온 '개성'이 자라기 힘든 사회일지도 모른다. 유럽인과 미국인, 중국인들이 개성을 소중히 여기며 자신의 정체성을 강조하는 것과는 정반대이다.

여기서 잠시 생각해 보자. 과연 전통음악이란 무엇일까? 과거의 음악을 그대로 후세에 전하는 것이 아니라, 그 시대에 사는 사람이 과거의 역사를 이해한 후에 좋은 점은 받아들이고 그렇지 않은 점은 잘라 버려야 하지 않을까? 그리고 음악을 하는 사람이라면 기나긴 역사의 한 경유점인 자신도 새로운 맛을 더하는 게 당연하지 않을까? 그렇게 수 세대 또는 수십 세대를 지나는 사이에 서서히 변하는 것이 문화 전승의 자연스러운 형태가 아닐까? 그렇다면 일본에 전통예능이 그대로 남아 있는 것은 매우 기이한 형태가 아닐까?

일본은 메이지시대明治時代(1868~1912년)에 메이지유신이라는 일대 변혁을 단행했다. 서양의 시스템을 도입하면서 정치와 교육 등 모든 것을 서양식으로 바꾸었다. 그때 옛날 것은 모두 잘라 버렸다. 좋은 점은 살리고 나쁜 점을 바꾼 것이 아니라 어이가 없을 만큼 모든 것을 싹둑 잘라 버린 것이다.

음악으로 말하면 아악곡인 '에텐락쿠越天樂' 같은 극히 일부의 곡을 제외한 대다수의 곡들은 전통음악을 그대로 계승하려는 의식이 없어졌다. 그 순간부터 일본의 전통음악은 느긋한 흐름 속에서 변화하는 것을 그만두었다고 할 수 있다.

받아들이는 수용 능력은 뛰어나지만 변혁하는 능력은 거의 없는 일본인, 성공한 사례를 향해 나아갈 때는 최선을 다하는 국민성.

"유럽을 따라잡고 미국을 따라잡아서 경제에서 일등이 되자!"

일본인은 이런 구호 밑에서는 대단히 높은 능력을 발휘한다. 하지만 독자적으로 무엇인가를 창조해 내는 능력은 매우 취약하다.

반면에 받아들인 것을 기호에 맞게 변용하는 능력은 뛰어나다. 가령 튀김은 무로마치시대室町時代(1336~1573년)에 포르투갈에서 들어왔다고 하는데, 지금은 전형적인 일본 음식으로 자리 잡았다. 일반적으로 일본인이 소고기를 먹게 된 것은 메이지시대 이후라고 한다. 그때부터 일반 서민들도 소고기를 먹게 된 것이다. 그 이후 더욱 서민적인 음식인 소고기덮밥이 태어났다. 완전한 일본의 맛이 된 것이다. 중화면은 이름 그대로 중국에서 들어왔지만, 라면은 중국에 없는 일본 특유의 것이다. 카레라이스도 인도사람들은 그렇게 많이 먹지 않는다. 식문화에 있어서 일본인의 변용 능력은 정말 대단하지 않은가. 이처럼 변용이 가능했던 것은, 식문화는 일반 서민들의 생활에 밀착해 있어서 정치적 변혁에 휘말리는 일이 없었기 때문이다. 그것이 다행이라면 다행이라고 할 수 있지 않을까?

후세에 전통을
어떻게 전할
것인가?

　지금 중국은 완전히 서양에 심취해 있다. 중국의 전통악기로 태연하게 서양음악을 연주하기도 한다. 예를 들면 호궁으로 비발디의 〈사계〉를 연주하는 것이 유행이다. 그런 형태로 사람들이 음악에 친숙해지고, 연주자의 수준도 높아지는 것은 나쁜 일이 아니다. 하지만 그렇게 되면 필연적으로 서구화될 수밖에 없다. 그런 경우 잃어버리는 것은 결코 적지 않다.

　예전에 아프리카의 말리라는 나라에 갔을 때 그 나라의 음악대학 교수와 친해졌다. 말리는 광대한 나라로, 민속악기라고 해도 북부와 중부, 남부의 악기가 모두 다르다. 피리처럼 생긴 것에서부터 기타처럼 생긴 것까지 특이한 악기가 한두 가지가 아니다. 그런 민속악기들을 융합시켜 새로운 음악을 만들어 내는 것이 그 교수의 연구 주제였다. 전통음악은 그냥 내버려 두면 쇠퇴할 수밖에 없다. 시대를 따라갈 수 없기 때문이다. 그래서 가령 북부 지역의 음악을 중남부의 특수한 악기와 앙상블을 이용해서 새로운 전통음악을 만들려고 한 것이다.

언뜻 보면 전통을 경시하는 것처럼 보일지 모르지만, 실은 전통음악을 없애지 않고 재생하는 길은 그것밖에 없다. 새로 만드는 수밖에 없는 것이다. 그런 시도 속에서 역사나 시간이 위화감 있는 음악을 제거해 주면 자연스럽게 남아야 할 것만 남게 된다. 그때 그를 보면서 나는 착잡한 심경에 휩싸였다. 과연 일본에는 전통음악에 대해 그런 발상을 가진 사람이 있을까 하고 말이다.

발리 섬에 가면 가믈란^{gamelan}(인도네시아의 타악기 중심의 합주 형태 및 그 악기들) 음악이란 것이 있다. 처음에는 전통음악이라고 여겼는데, 현재 우리가 보거나 듣는 가믈란은 옛날의 전통음악이 아니라 근대에 접어들어 인위적으로 만든 음악이다.

1920년에서 1930년대에 군림했던 왕은 발리 섬의 전통과 서구 문화를 융합하기로 결심했다. 그는 구미로부터 예술가와 학자들을 초대해 구미 사람들이 쉽게 받아들일 수 있는 문화를 조사하는 한편, 발리 섬의 각지에 남아 있는 기술과 정보를 수집했다고 한다.

케착댄스 kecak dance도 전통의 수집 과정 속에서 신과 악마의 관계를 정리하여 춤으로 만든 것이다. 신과 악마가 선악의 대치 관계에 있는 것이 아니라 양쪽 모두 필요하다고 한 점이 아주 재미있다. 그동안 서양 사람들은 신과 악마를 선과 악이라는 대립 구도로 포착해 왔기 때문에, 이 동양 철학을 만났을 때는 대단히 신선하고 흥미롭게 느꼈으리라.

이리하여 인위적으로 만든 음악이 정착하면서 지금의 가믈란이 되었다. 전통은 이렇게 뛰어난 사람의 손을 통해 형태가 정리되고 새롭게 재생되기도 한다. 그만큼 해체와 재구성이 중요한 것이다.

가부키의 세계에서는 가부키 배우인 이치카와 엔노스케市川猿之助가 기존 관념을 무너뜨리는 일을 많이 했다. 또한 나카무라 간자부로中村勘三郎가 중심이 되어 기존의 가부키에 새로운 숨결을 불어넣으려 하고 있다. 젊은 사람들이 새로운 방식에 도전하는 것은 참으로 좋은 일이 아닐 수 없다. 노다 히데키野田秀樹와 미타니 고키三谷幸喜가 가부키 대본을 쓰고 있는데, 그들의 멋진 시도에 박수를 쳐주고 싶다. 새로운 방식의 공연이 많아지면 연출 방식을 비롯해 많은 것들이 달라질 수밖에 없다. 시간이 지나면 재미없는 것은 도태되고, 재미있는 것만 살아남는다. 그런 식으로 다음의 형태를 모색하지 않으면 좋은 전통예능은 오래 이어지지 않는다. 일본은 음악 쪽에서도 이러한 도전을 해야 할 때가 되었다고 생각한다.

발리 섬의 우붓^{Ubud}에 갔을 때 가믈란을 들은 적이 있었다. 연주자들은 직업 연주자가 아닌 낮에는 그림을 그려 토산품점에 팔거나 동세공^{銅細工}을 하거나 베를 짜서 생계를 꾸리는 사람들이었다. 그곳에는 전문 음악가도 없었고, 전문 직공도 없었다. 그들은 연주할 때 입을 의상뿐 아니라 평소에 입는 옷도 직접 만들고, 나머지는 토산품점에 팔아 하루하루 먹고살아 간다.

우붓은 마을공동체로 밤에는 관광객을 위해 가믈란을 연주한다. 연주하는 사람들 중에는 아이들도 흔히 볼 수 있다. 물건을 만들어 생계를 꾸려가며 한편으로는 음악을 하는 사람들. 그곳에서는 음악과 생활을 떼어내서 생각할 수 없다. 두 개의 세계가 완전히 공존하고 있는 것이다. 이것이 음악의 가장 이상적인 모습이 아닐까? 그러나 안타깝게도 발리 섬의 해안 주변은 이미 세속에 물들었다. 내가 갔을 때는 아직 소박한 모습이 남아 있었지만……. 앞으로 확실한 상업주의가 들어오면 소박한 문화는 모조리 붕괴되리라.

그 이후 영화의 로케이션 헌팅$^{location\ hunting}$(촬영에 적당한 장소를 찾는 일)을 위해 다시 우붓을 찾았다. 그때는 단순한 관광이 아니었기 때문에 가이드가 좋은 곳을 많이 안내해 주었다.

마을공동체인 우붓에는 혈족간의 결혼이 많을 수밖에 없다. 그 결과 필연적으로 기형아가 많이 태어나는데, 공동체에서는 그들을 마을 변두리에 살도록 하고 있었다. 우붓 사람들은 피를 나눈 만큼 말을 하지 않아도 서로의 마음을 쉽게 알고 있는 듯했다. 말 그대로 이심전심인 것이다.

나는 그때 이렇게 생각했다.

"신에 가장 가까운 사람들, 신에 가장 가까운 섬이란 바로 이런 형태가 아닐까?"

가믈란처럼 갑자기 '짜가짜가짜가짜가' 하고 울려 퍼지는 소리는 의식적으로 맞추려고 해도 쉽게 맞출 수 없다. 아무리 맞추려고 해도 어긋나는 것이다. 하지만 이심전심인 그들은 그런 타이밍을 정확히 맞춰 최고의 연주를 해내고 있었다.

서로 떨어져서 살아도 "아! 그 녀석이 울고 있다"라든지 "왠지 위험이 다가오는 것 같아"라고 알아차리는 감각은 이심전심의 감지력에 있는 것이 아닐까?

미국인들에게는 이런 감각을 찾아볼 수 없다. 수많은 인종들이 모여 있는 나라이기 때문이다. 하지만 일본인들에게는 아직 그런 감각이 남아 있다. 물론 우붓의 마을공동체와는 비교가 되지 않지만, 극동에 있는 섬나라이어서 그런지 피는 짙은 편이다. 그래서 문 하나, 칸막이 하나만 사이에 두고도 태연하게 지낼 수 있는 것이다.

개인주의 성향이 강한 미국에서는 밤에 잠을 잘 때 반드시 방문을 잠근다. 가족들과 같이 있고 싶을 때도 있지만 각자의 프라이버시를 중요하게 여기는 것이다. 그곳에는 서로의 온기를 느끼려는 문화가 없다. 말로 표현하지 않으면 서로의 마음을 이해할 수 없는 것이다. 항상 서로의 마음을 확인해야 하는 그들은 젊은 연인들부터 노부부에 이르기까지 "I love you"란 말을 입에 달고 산다. 이렇게 문화의 차이가 확연한 만큼 미국적 발상을 통째로 받아들일 필요는 없지 않을까?

일의 의미는
스스로 발견해야
한다

　일본인의 주특기는 리셋reset이다. 역사적으로도 큰 리셋을 몇 번이나 단행했다.

　가장 좋은 사례가 메이지유신이다. 그 이후 전쟁에 패배하고 어쩔 수 없이 리셋을 하게 되었다. 태평양전쟁 이후의 일본은 메이지유신처럼 의도적으로 개혁을 하고 싶었던 것은 아니지만, 결국 사람들의 가치관이 180도 달라지는 엄청난 리셋을 하게 되었다.

　문제는 리셋을 할 때 중요한 부분까지 모두 뚜껑을 덮어 버리는 경향이 있다는 것이다. 반골정신이 희박한 탓인지, 창조성이 취약한 탓인지는 모르겠지만……. 어쨌든 한 사람이 호령하면 순종적으로

전원이 우향우를 하는 것이다

리셋 기질은 일상생활에도 깊이 스며들어 있는 것처럼 보인다. 일본인들은 좋은 일에도 뚜껑을 덮고 나쁜 일에도 뚜껑을 덮어서 태연하게 모두 없던 일로 만든다. '목구멍을 지나면 뜨거움을 잊는 국민성'이라고나 할까?

가장 우려되는 일은 이런 정치 상황 속에서도 학생들이 데모나 집회를 하지 않는다는 것이다. 1960년의 안보투쟁을 포함해서 학생들은 항상 시대의 맨 앞에 서서 그 당시의 권력과 싸워 왔다. 학생운동에 관심이 없었던 나도 데모에 참가한 적이 있었을 정도이다. 하지만 지금의 학생들은 데모를 하지 않는다. 시대와 국가에 사육당하고 있다는 느낌이 들 지경이다.

예전에 도쿄는 물의 도시였다. 강이 많았던 관계로 지금도 물에 관한 지명이 많이 남아 있다. 원래 강 주변에 있는 도시는 발전하는 법이다. 런던과 템스 강, 파리와 센 강, 맨해튼과 이스트리버 등 세계의 대도시들은 전부 강과 공존하고 있다.

그런데 도쿄는 워터프런트waterfront 개발을 단행하면서 강을 매립하고 바다를 매립하는 등 조금이라도 땅을 늘리려고 하고 있다. 이런 개발은 문제가 있지 않을까? 런던이나 파리와 달리 도쿄에 있으면 어딘지 모르게 폐색감이 느껴지는 것은 강의 흐름을 막아 버린 탓도 있으리라.

일본은 인간에게 가장 중요한 뿌리 부분에 일방적으로 뚜껑을 덮었다. 그 결과 숫자로 보이는 경제적인 면에서 세계를 움직이는 나라가 되었다. 목표가 정해지면 죽자 사자 열심히 일하는 것이 일본인의 특징이다. 눈에 보이는 목표나 명쾌한 명제가 주어지면 더할 수 없이 성실하게 일하지만, 지금은 어느 회사에서도 목표를 정할 수 없는 상황에 이르렀다. 더 이상 매출을 올리려고 해도 올릴 수 없고, 경제 중심의 사회시스템 자체가 제대로 돌아가지 않는 지경에 이른 것이다. 과연 다음에는 어떤 리셋을 할 것인가? 리셋을 할 때마다 소중한 것들이 우수수 사라지지만, 그곳에 뚜껑을 덮으면 모두 잊어버리고 만다.

일본인이 열심히 일한다는 말은 이미 옛날이야기이다. 눈앞에 목표가 보이지 않아서인지 지금의 일본인들은 열심히 일하지 않는다. 회사에 있는 시간은 많지만 과연 실질적인 가동률은 어떨까?

나는 지금보다 휴일을 줄이는 편이 좋다고 생각한다. 그리고 휴가는 한꺼번에 모아서 주는 편이 일의 효율을 훨씬 높일 수 있다. 나는 월요일부터 토요일까지 하루도 빠짐없이 일을 한다. 쉬는 것은 일요일뿐이다. 창작을 하는 사람은 하루 24시간 내내 생각하기 때문에 온on과 오프off의 구별이 없다. 기본적으로 정신은 언제 어디서든 풀가동 상태라고 할 수 있다.

사토 준야佐藤純彌 감독의 〈남자들의 야마토〉의 영화음악을 만들 때는 일정이 몹시 빠듯했다. 월요일부터 금요일까지는 〈남자들의 야마토〉의 영화음악을, 토요일과 일요일에는 월드 드림 오케스트라를 위해 연습을 해야 하는 형편이었다. 영화 일을 하는 스태프들은 주말에 쉴 수 있지만 나에게는 휴일이 하루도 없었다. 피곤이 머리끝까지 차올랐지만 기력이 넘칠 때는 쉬지 않아도 그럭저럭 버틸 수 있었다.

그런 내 눈에 지금의 일본 사회는 거의 일을 하지 않는 것처럼 보인다. 휴일이 너무 많은 탓이다. 일 때문에 연락을 하려고 해도 국경일의 대체 휴일로 상대 회사가 쉬는 날이라서 연락이 되지 않는 경우가 많다. 그럴 때는 답답해서 미칠 것 같다.

나는 이렇게 제안하고 싶다. 일단 국경일을 모두 없앤다. 그 대신 토요일과 일요일은 반드시 쉬고, 직원들에게는 일 년에 보름에서 한 달 정도의 장기 휴가를 준다. 그것을 위반한 회사에게는 세금을 두 배 내도록 법을 정한다. 효율 면에서 보면 한꺼번에 장기 휴가를 얻을 수 있는 편이 훨씬 좋다. 더구나 교대로 쉬면 회사 기능도 제대로 돌아간다. 그 정도로 과감한 결단을 내리지 않으면 근본적 개혁은 불가능하지 않을까?

무조건 일만 하라는 것이 아니다. 일의 의미는 스스로 발견해야 한다. 나는 사람들이 나를 필요로 하는 이상 그것에 부응하고 싶다. 전체의 예산이 작아도 사람들의 의지가 강하고, 참여하는 의의를 느낄 수 있는 일은 되도록 하려고 한다. 그런 가운데 새로운 것을 발견하는 일이 적지 않다. 물론 도저히 시간이 나지 않을 때도 있다. 하지만 머리를 쓰고 일의 효율을 높이면 시간은 얼마든지 짜낼 수 있지 않을까?

사람들에게 무엇을
전하고 싶은가

오래전에 일본에서 미국의 인기 뮤지컬을 공연한 적이 있었다. 당시에 뮤지컬 작곡가가 지휘자로 일본에 왔다. 리허설은 열흘간이었는데, 지휘자는 리허설 첫날 오케스트라의 연주를 듣고 감격의 환호성을 질렀다.

"엑설런트! 판타스틱! 정말 대단한 사람들입니다!"

그는 리허설을 거의 하지 않아도 될 만큼 훌륭하다고 입에 침이 마르도록 찬사를 보냈다. 하지만 한 달의 공연이 끝나고 미국으로 돌아갈 때는 화를 내면서 다시는 일본에 오고 싶지 않다고 했다. 대체 무엇 때문일까? 그동안 무슨 일이 있었던 것일까?

오케스트라의 수준이 처음부터 끝까지 거의 변하지 않았기 때문이다. 외국에서는 첫 번째 리허설에서 만족할 만한 연주를 들을 수 있는 일이 거의 없다. 모두 어이가 없을 만큼 어설프다. 정확하게 말하면 어설픈 것이 아니라 각자 자기 마음대로 연주하는 것이다. 그런 탓에 소리가 어우러지지 않아서 '과연 하나의 음악이 될까?' 하는 불안에 빠질 정도이다. 그런데 하루하루 연습함에 따라 하모니가 급격한 상승곡선을 그리고 공연 당일에는 사람들의 박수갈채가 쏟아진다.

반면 일본인들은 처음부터 멋진 조화를 이룬다. 그러나 더 이상 발전을 하지 않는다. 상승률을 그래프로 만들면 직선에서 약간 오른쪽으로 올라가는 정도라고 할까? 기초 기술은 대단하다. 하지만 그다음에 있어야 할 '진정한 음악'이 없는 것이다.

어린 시절부터 클래식을 배워서 음악가가 되려는 사람들은 콩쿠르라는 목표를 향해 열심히 연습한다. 그리고 지역대회에서 우승하면 전국대회에 참가하는 등 한 단계씩 콩쿠르의 수준을 높인다. 어린 시절부터 천재교육을 받은 그들은 "어린 나이에 정말 대단하군" 하고 감탄할 정도의 기술을 가지고 있어서 10대 후반이나 20대 초반에 국제 콩쿠르에서 당당하게 수상을 하기도 한다. 하지만 문제는 그다음이다. 가령 국제 콩쿠르에 입상해서 외국 오케스트라단에 들어갔다고 하자. 처음에는 다른 사람들보다 기술이 뛰어나기 때문에 당당하게 연주를 한다. 바이올린이라면 콘서트마스터^{concert} $_{master}$(관현악단의 제1바이올린 수석연주자) 옆에서 멋지게 연주하는 것이다. 그러나 일 년 후에는 뒤쪽에서 움츠리고 있는 경우가 많다. 자신의 소리가 점점 다른 사람들과 맞지 않는다는 사실을 깨달은 것이다. 특히 독일의 지방 오케스트라단에 들어가서 베토벤이나 브람스 작품을 연주하는 사람 중에 그런 사람이 많다. 기술은 누구에게도 뒤지지 않아서 악보대로 정확하게 연주할 수 있다. 그러나 자신의 소리만 들떠 있다. 어떻게 연주해야 할지 몰라서 막막하다. 자기 음악을 똑바로 바라보아야 할 때 목표를 찾지 못함으로써 어떻게 해야 좋을지 모르기 때문이다. 결국 자신감을 잃고 일본으로 돌아온다. 목표가 있을 때는 열심히 연습하지만, 목표가 사라지면 머릿속이 새하얘지는 것이다. 진정한 음악은 목표가 사라진 다음에 시작되는 것이 아닐까?

오케스트라를 지휘할 때 기술과는 별도의 차원에서 "일본인이 하면 왜 이렇게 되는가?"라고 느낄 때가 있다. 예를 들면 내가 작곡한 〈여행을 떠날 때~Asian Dream Song~〉라는 곡이 있다. 이 곡을 중국의 오케스트라가 연주하자 실로 편안한 대륙적인 소리가 나왔다. 한국 오케스트라의 연주에서는 너그러운 느낌이 배어나왔다. 하지만 일본 오케스트라의 연주에서는 어딘지 모르게 조촐한 느낌이 전해졌다. 실수 없이 정확하고 능숙하게 연주했음에도 불구하고 말이다.

그 이유는 무엇 때문일까?

"연주에서 가장 중요한 것은 한 가지다. 내가 맡은 악기의 소리를 냄으로써 사람들에게 무엇을 전하고 싶은가?"

음악에서 표현해야 할 것은 바로 이것이다. 그런데 기술적인 면에서 능숙함을 추구하고, 그것에 가치를 둔다면 아무리 능숙하게 연주해도 음악이 되지 않는다.

"당신은 음악을 한다고 하는데, 지금 신경 쓰고 있는 건 리듬과 멜로디뿐이지요?"

그런 사람을 보면 이런 말을 하고 싶을 정도이다.

정확한 연주를 가장 중요하게 여기는 교육 때문에 그렇게 되었다면 일본의 음악교육은 근본적으로 바뀌어야 한다. 물론 내가 아는 일본 연주가 중에는 정말로 뛰어난 사람과 오케스트라가 많이 있다. 하지만 전체적으로는 다른 나라의 연주가에 비해 무엇을 전하고 싶은지 모르는 사람이 많은 것도 사실이다.

내 안에도 그런 부분이 있다. 오케스트라의 악보를 만들 때도 일단 악보를 훌륭하게 완성시키는 데 온 힘을 쏟는다. 훌륭한 악보는 좋은 소리를 내기 위한 수단에 불과하다는 사실을 알면서도 악보의 완성도에 모든 정열을 쏟기도 한다. 그러면 다음 순간, "아아, 내가 왜 이러지? 전형적인 일본인 패턴이야"라는 가벼운 자기혐오에 빠지기도 한다.

일본인은 '형식'을 좋아한다. 형식을 만들어 그 안에서 길을 추구하려고 하는 것이다. 유도와 검도, 다도, 화도花道, 서도 외에도 아악이나 샤미센三味線(일본의 현악기)도, 가부키나 노能(일본의 전통 무대예술), 라쿠고落語(만담) 등도 모두 형식에 맞추는 예술 분야이다. 형식을 습득함으로써 한 단계씩 성장하는 방법은 일본인의 기질에 잘 맞는다고 생각한다.

어떤 분야에 쉽게 접근하기 위해서는 형식부터 들어가는 것이 가장 좋다. 다도를 예로 들면, 차를 끓일 때의 정신이나 쓸쓸함, 고적함의 세계를 어떻게 머리로 이해할 수 있겠는가. 그것은 아무리 책을 많이 읽어도, 아무리 강의를 들어도 몸에 배지 않는 법이다. 하지만 다실이라는 한정된 공간 안에서 형식적 행위를 반복하는 사이에 점차 그것이 몸에 배고, 4~5년을 계속하다 보면 하나의 세계를 느낄 수 있다.

샤미센을 배울 때도 다르지 않다. 스승은 무엇을 어떻게 하라고 차근차근 가르쳐 주지 않고, 끊임없이 연습만 시킬 뿐이다. 그리고 "아니다" "아니다" "아니다"라고 고개를 흔들며 한 달, 두 달, 또는 6개월 동안 똑같은 곡만 연습시킨다. 그러다 어느 날 갑자기 "그래, 이제 됐다"라고 말한다. 그 분야를 모르는 사람이 들으면 어디가 어떻게 달라졌는지 모르지만, 당사자는 똑똑히 알고 있다.

형식적 '길'을 만들었다는 것 자체가 일본인의 본질을 꿰뚫어 본

행위가 아닐까? 그 길의 끝에 도착했을 때 그다음을 어떻게 설정하는가? 중요한 것은 이것이지만, 본래 길의 가르침은 배우는 쪽이 주어진 과제를 수동적으로 푸는 것이 아니다. 다음에 얻고 싶은 목표를 향해 자신의 의지를 가지고 자발적으로 전진해야 한다. 형식을 체득한 다음에는 정신을 추구하고, 조금씩 성장하면 무엇을 어떻게 표현해야 하는지 알게 된다. 그러면 사람들에게 무엇을 전하고 싶은지도 저절로 알 수 있게 되는 것이다.

반대로 말하면, 형식에 맞추기만 하면 안심하는 측면도 있다고 할 수 있다. 일본인은 자신의 정체성을 정할 때 자신의 호불호로 판단하지 않는다. 다른 사람의 의견이나 주위 반응에 신경 쓰고 그것에 맞추려고 하는 경향이 강하다. 이런 성격에 길이 잘 맞았던 것이 아닐까? 형식 속에서 길을 추구하면 주위로부터 크게 벗어나는 일은 없기 때문이다. 또한 일본인은 무사도와 같은 규범을 중시했다. 그런 규범을 세밀하게 정하지 않으면 어떻게 처신해야 할지 모르기 때문이리라. 일본인은 원래 규정이 없어도 문제만 발생하지 않으면 된다고 여기는 성실한 민족이다. 그럼에도 불구하고 규정이 있다는 것은, 규정을 만들지 않으면 아무것도 할 수 없기 때문이 아닐까? 이것은 일본인의 창조성과도 관계가 있는데, 길에서 오는 일본인의 미학 뒤에는 다양한 일본적 특성이 숨어 있는 것이 사실이다.

요즘은 자녀에게 어릴 때부터 전문적인 분야를 가르치는 경우가 많다. 그런데 피아노를 가르칠 때 자식의 인생을 풍요롭게 만들기 위해 가르치는 것과 나중에 프로로 만들기 위해 가르치는 것은 전혀 다르다.

이 세상에 음악을 싫어하는 사람이 어디 있으랴. 피아노를 치고 싶다는 마음은 누구나 가지고 있다. 그러나 그 범위 안에서 가르치는 것이라면, 자신이 치고 싶은 곡을 칠 수 있으면 그것으로 충분하다. 하지만 단지 그것뿐이라면 지금의 음악교육은 적절하다고 할 수 없다. 지금의 음악교육은 즐겁게 치는 것보다 능숙하게 치는 것을 목표로 하고 있기 때문이다.

한편, 자녀에게 재능이 있어서 프로를 만들고 싶다면 베토벤의 아버지처럼 한밤중에 깨워서라도, 플라스틱 자로 손바닥을 때려서라도 혹독하게 가르쳐야 한다. 그렇게 해서 재능의 문을 열어 주지 않으면 진정한 프로가 될 수 없기 때문이다. 그와 동시에 음악에서 즐거움을 느끼게 해주어야 한다. 하농이나 체르니 같은 기본 연습은 물론이고, 그것을 마지못해 하는 것이 아니라 자발적으로 할 수 있도록 '의욕'을 끌어내 주어야 하는 것이다.

골프를 칠 때도 매번 기본 폼만 연습하면 아무런 재미가 없다. 공이 어디로 날아가는지 모르는 것보다 페어웨이fairway(티 샷 위치에서 그린 사이의 잘 다듬어진 잔디 구역)로 날아갔다는 실감을 가질 수 있으면 기본적인 타격 방법을 익힐 때도 의욕을 가질 수 있다.

아버지가 학교 선생님이었던 탓도 있지만, 나는 교육에 관해서 종종 생각하곤 한다. 다만 가르치는 사람만은 되고 싶지 않다. 만약 진심으로 음악을 가르치려고 한다면 그 사람의 인생을 통째로 껴안을 만큼 철저하게 하고 싶기 때문이다. 그러기 위해서는 작곡을 하면서 틈틈이 가르칠 수는 없지 않을까? 현실적으로 도저히 불가능하기 때문에 가르칠 수 없는 것이다.

감수성
그리고
강인한 힘

 자극적인 광고로 유명한 베네통에서 몇 년 전에 내놓은 광고 중에 일본 소녀들을 모델로 사용한 포스터가 있다. 루스삭스를 신은 소녀들의 뒤에는 '세계에서 가장 표정 없는 아이들'이라는 제목이 붙어 있었다. 어쩌면 그 광고는 유럽에서만 나오고, 일본에서는 나오지 않았을지도 모른다. 어쨌든 인생에서 가장 예민한 청소년 시기에 아무런 표정이 없다는 것은 이상한 일이 아닐 수 없다.

 어른들이 지금의 청소년들에게 가장 해주어야 할 것은 '느끼는 마음을 갖게 만드는 것'이라고 생각한다. 쑥스러움으로 인해 '느끼는 마음'을 감추는 일은 얼마든지 있을 수 있다. 하지만 지금의 일본인을 보고 있으면 청소년들뿐 아니라 젊은이들까지 표정을 잃어버린 것처럼 여겨져서 견딜 수 없다. 느끼는 마음이 둔해지고 있다는 증거이리라.

청소년들이 범죄를 일으키면 "게임 때문에 그렇다" "만화가 원흉이다"라고 입에 침을 튀기며 말하는 사람이 많지만, 똑같은 것을 보아도 희로애락을 느끼는 사람은 범죄를 저지르지 않는다. 어떤 계기로 인해 마음에 자물쇠를 채운 사람, 일반적인 감각이 마비된 사람이 범죄를 저지르는 것이다. 요즘 청소년들에게 가장 시급한 문제는 느끼는 마음을 가지게 하는 것으로, 이 문제의 원인은 어른들에게 있다. 고도성장 속에서 선생을 포함한 부모세대가 물질에 대한 숭배나 자기 위주의 가치관으로 살아왔기 때문이다.

태평양전쟁 당시 일본은 아시아 주변 국가들에게 무슨 짓을 저질렀는가? 태평양전쟁에 대해서 모르더라도 '전쟁은 슬픈 일이다' '가슴 아픈 일이다'라고 느끼는 마음만 있으면 의식을 가질 수 있다. 그리고 의식을 가질 수 있으면 지식은 저절로 따라온다. 그런데 느끼는 마음이 희박하면 어떤 영화나 어떤 사실도 그 사람의 머리와 마음에 머물지 않고 스쳐 지나갈 뿐이다. 그리고 그것은 곧 무지로 이어진다.

제대로 느끼는 마음을 가지고 있으면 인간으로서 잘못된 방향으로 나아가지 않는다고 나는 믿어 의심치 않는다. 영화와 음악은 모두 감수성을 키우는 것이다. 그것들을 통해 일본에서 무표정한 청소년들을 줄일 수 있다면 얼마나 좋을까?

요즘 스포츠 선수의 말을 들어 보면 상당히 가슴이 후련하다. 예전 선수들은 정신론, 근성론을 많이 주장했지만 요즘 선수들은 모두 확고한 논리적 사고를 가지고 있다. 특히 이치로 선수의 말은 듣기만 해도 기분이 좋고 눈에서 비늘이 떨어지는 느낌이 든다. 예전에 그는 냉정한 사무라이 이미지였지만, 드라마에 출연하거나 일본 대표팀의 견인차가 되어 선수들을 격려하는 등 자신만의 확고한 이미지를 만들어 가고 있다. 과거 소속팀인 매리너스의 성적이 별로 좋지 않고 일본 매스컴의 취재도 줄어들었을 때, 그 사실을 본인도 잘 알고 있었다. 성적이 바닥을 헤매는 팀에서는 혼자 고고한 자세로 열심히 연습해 봐야 허공에 뜰 수밖에 없다. 장기적 시점에서 앞으로의 방향성을 확립할 시기를 맞았던 것이다. 그는 그런 상황을 확실히 인식하면서 노선을 변경했다. 자신을 정확히 파악해서 셀프 프로듀스self produce를 하는 최고의 프로듀서인 것이다.

2006년 토리노 올림픽에서 금메달을 획득한 피겨 스케이트의 아라카와 시즈카荒川靜香 선수도 셀프 프로듀스의 힘을 가지고 있다. 유일한 금메달리스트에게 일본 전체가 환호성을 보내도, 그녀는 자세를 무너뜨리지 않고 담담하게 행동했다. 그 이후에 재빨리 프로로 전향한 것도 현명한 선택이었다고 할 수 있으리라.

예전에 어디선가 이런 말을 들은 적이 있다.

"최고의 위치에 올라간 적이 있는 사람은 근본적으로 무엇인가가 달라진다."

세계선수권 대회에서 우승한 적이 있는 그녀는 승리하는 것, 최고의 위치에 서는 것에 대한 기쁨과 중압감을 잘 알고 있다. 이것이 중요하다.

강한 압박을 받는 위치에 많이 설수록 행운으로 우승하는 일은 줄어들기 마련이다. 설령 행운으로 우승을 차지한 것처럼 보여도 그 이면에 기술과는 다른 요인, 예를 들면 중압감을 떨치고 우승을 차지할 수 있는 정신력이 그 누구보다 강했다는 등의 요인이 숨어 있다.

나는 일등을 하는 것이 인간의 목적이라고 여기지 않고, 승패의 결과나 인간의 서열에 의의를 느끼지 않는다. 오히려 그런 것은 인간의 본질과 아무런 관계가 없다고 생각한다. 하지만 최고의 위치에 올라선 사람이 누구보다 강인한 정신력을 가지고 있는 것은 엄연한 사실이다. 다른 사람과의 경쟁에서 이길 수 있는 힘을 가지고 있는 사람은 자신에게 닥친 어려운 문제나 수많은 유혹도 극복할 수 있지 않을까? 오늘날처럼 앞날을 내다볼 수 없는 시대에는 그런 강인한 정신력을 가지고 살아야 할 것이다.

6장.
시대의 바람을 읽는다

아시아에서 불어오는 바람

나는 〈웰컴 투 동막골〉의 영화음악으로 2005년 대한민국영화대상 음악상을 수상했다. 나중에 들은 바에 따르면 외국인으로는 처음이라고 했다. 그 당시 이 작품은 최우수작품상과 감독상, 각본상, 여우조연상, 신인감독상 등 6개 부문을 석권하고, 한국에서만 800만 명 이상의 관객을 동원했다.

어느 날 〈웰컴 투 동막골〉의 프로듀서에게서 편지가 도착했다. 각본을 읽어 보자 내용도 좋고, 영화로서도 재미있을 것 같았다. 또 전쟁물이기 때문에 음악의 스케일이 커야 할 것 같았다. 더구나 전쟁물은 내가 경험한 적이 없는 미지의 장르라서 마음이 강하게 끌렸다. 나는 잠시도 망설이지 않고 일을 맡기로 했다. 실은 그것을 전후로 중국과 홍콩에서도 잇달아 몇 건의 의뢰가 들어왔다. 내 주위에 아시아의 공기가 떠다닌 것이다.

지금까지 팝이나 클래식 같은 미국과 유럽의 음악을 듣고 성장하고, 그것을 기본으로 음악을 하는 나에게 아시아는 멀게만 느껴졌다. 거리의 문제가 아니라 접점이 별로 없었기 때문에 솔직히 말하면 잘 모른다. 서로 얼굴을 모르는 옆집 사람 같은 느낌이라고 할까? 하지만 최근 들어 일을 통해 아시아의 일원이라고 의식하게 되었다. 몇 년 전만 해도 유럽보다 멀게 느껴졌는데, 이제는 나에게 있어서 아시아란 무엇인지 확인해 보고 싶어졌다.

국가와 국가 사이에는 정치적인 분쟁이 있다. 하지만 창작 활동은 정치와는 다른 곳에서 숨을 쉬고 있다. 역사적으로만 보면 한국은 일본인인 나에게 상을 주고 싶지 않았으리라. 그래도 그들은 내 음악을 높이 평가해 주었다. 정치적인 문제와는 다른 차원에서 좋은 작품을 만들고 교류가 많아지면 제대로 인정해 주는 것이 문화의 세계이다.

나는 태평양전쟁 이후에 태어났지만, 일본이 전쟁 중에 아시아에서 어떤 짓을 저질렀는지는 알고 있다. 그것에 대해서 나는 너무도 무기력하다. 나 하나의 힘으로는 어찌할 도리가 없는 것이다. 하지만 좋은 음악을 만들면 현재진행형인 문화를 통해서 어떤 형태로

든 영향을 미칠 수 있다. 그것이 교류의 참뜻이라고 생각한다.

〈웰컴 투 동막골〉은 전쟁을 다루고 있지만 일종의 판타지이다. 현대의 유토피아 같은, 문명에 찌들지 않은 시골 마을이 있다. 그 마을에 서로 적대 관계에 있는 양쪽 병사들이 나타난다. 그러나 마을의 순박한 사람들과 살아가는 사이에 그들의 마음에 서서히 변화가 생겨난다. 그런 와중에 마을에 위험이 닥치자 그들은 분연히 일어선다.

영화의 주제는 대단히 명확하고, 한국 사람들에게는 이상적인 세계를 그리고 있다. 나는 각본을 읽었을 때부터 누구나 공감할 수 있는 영화라고 높이 평가했다. 이 영화에서 문명대국 미국은 '거대한 악'으로 취급된다. 하지만 작곡가로서 음악을 만들 때 악한 사람의 테마는 만들고 싶지 않았다. 그러면 구조가 너무도 단순해지기 때문이다. 그래서 거대한 악이 발호하는 장면의 음악을 제3자로서 등장하는 강대한 힘이라는 이미지로 만들었다.

그러자 감독이 이의를 제기했다.

"이래서는 곤란합니다. 이 장면에서는 음악만 들어도 악의 위협이란 사실을 알 수 있도록 해주십시오."

관객들이 진정한 적이 누구인지 분명히 알 수 있도록 해달라, 미국이 나쁘다는 사실을 전하지 않으면 영화의 주제가 흐려진다, 음악도 그런 구조 속에서 생각해 달라는 것이었다.

이 영화에는 "인간 개인은 나쁘지 않다. 나쁜 것은 거대한 권력을 휘두르는 국가이다"라는 시점이 뚜렷하다. 따라서 미국을 악의 제국으로 그리면서도, 영화에 나오는 미국인은 선량한 한 사람의 인간으로 그리고 있다. 그 도식은 옳다고 생각한다.

지금의 미국은 좋지 않다. 중동 지역을 보아도 알 수 있는 것처럼 그들이 취하고 있는 제국주의적 방식은 부조리하기 짝이 없다. 동막골을 이라크로 바꾸어도 그대로 성립할 정도이다.

일본에서는 엔터테인먼트 작품에서 미국을 나쁘게 표현하는 영화는 만들지 않는다. 그러나 이제 일본에서도 국가로서의 주의나 주장이 분명한 엔터테인먼트 작품을 만드는 편이 좋지 않을까? 이를테면 오키나와를 무대로 미군 기지 문제를 표현하는 등 여러 가지 문제를 날카롭게 파헤친 영화를 많이 만들면 얼마나 좋을까? 이 세상에 국민이 나쁜 국가는 하나도 없다. 문제는 국가의 자세인 것이다. 특히 최근 미국의 자세에는 문제가 많다.

〈웰컴 투 동막골〉은 작품성과 흥행성에서 모두 성공을 거두었다. 좋은 작품은 얼마든지 설정을 바꿀 수 있다. 무대를 중국으로 바꾸어도, 이라크로 바꾸어도 성립한다. 이 영화에는 그런 자세가 분명하다.

한국영화계는 참 재미있다. 한국의 국민성처럼 모든 것이 격렬하기 때문이다. 그래서인지 일본에서는 있을 수 없는 일이 종종 벌어지곤 한다.

일본이라면 "이 예산으로 전쟁영화를 만드는 것은 도저히 불가능합니다"라고 처음부터 부정한다. 고작해야 어느 지방에 세트장을 만들어 그럭저럭 모습만 갖출 정도이다. 하지만 한국에서는 저예산이라서 할 수 없다는 한계를 무시하고 처음부터 정면으로 돌진한다.

한국영화 중에 〈태극기 휘날리며〉라는 영화가 있는데, 이 영화의 근간에 있는 것은 〈라이언 일병 구하기〉이다. 〈라이언 일병 구하기〉의 한국판인 셈이다. 한쪽은 거액을 투자한 할리우드 대작이지만, 한국에서는 그 작품을 일본 돈으로 15억 엔 정도에 만들려고 했다. 만약 일본이었다면 "도저히 불가능합니다"라는 말로 끝났으리라. 하지만 한국 사람은 만들어 냈다.

물론 엉성한 부분도 있어서 자세히 보면 할리우드 작품만큼 돈이 들지 않았다는 사실을 금방 알 수 있다. 하지만 총격 장면도 훌륭하고, 마지막에 형제애로 이어지는 감동의 힘이 강하기 때문에 멋진 작품으로 완성되었다. 이것이 한국영화의 대단한 점이다.

이러한 강인한 에너지는 여기저기에서 볼 수 있다. 일례로 개봉하기 직전이 되어도 영화가 완성되지 않는 일이 종종 있다. 일본이라면 도저히 극장에 걸 수 없다고 진즉에 포기했으리라. 그러나 한국은 결과적으로는 아슬아슬하게 시기를 맞춘다. 이 얼마나 뜨거운 에너지인가! 그들의 뜨거운 에너지는 나에게도 큰 자극이 되었다.

나라가 남북으로 갈라져 있다는 것은 국민들에게 엄청난 비극이다. 하지만 엄청난 비극을 등에 지고 있어서인지 그들은 그런 상황을 타개해야 한다는 뜨거운 에너지를 가지고 있다. 또한 슬픔이나 괴로움의 내면에는 사람들의 공통된 인식으로 가지고 있는 강한 염원이 있다. 바로 남북통일이라는 국민적 비원悲願이 확고한 것이다. 그런 나라에서 그 문제를 주제로 영화를 만들면 대단한 힘을 발휘할 수 있다. 마케팅 따위로는 대항할 수 없는, 머릿속에서 주판알을 튕기는 것만으로는 알 수 없는 초강력 태풍인 것이다.

사라예보의 영화에서도 역시 에너지를 느낄 수 있다. 정치적 비극을 껴안고 있기 때문에 무엇을 어떻게 만들어 어떻게 호소할지가 명쾌하고, 그로 인해 압도적인 파워를 느낄 수 있는 것이다.

혼돈 속에 있는 아시아 파워

　한국영화, 홍콩을 포함한 중국영화, 그리고 대만영화까지 아시아 영화의 질이 날로 높아지고 있다. 또한 기술력도 훌륭하며 일본이 잃어버린 파워도 가지고 있다. 그러나 성숙한 일본 사회에서는 생각지도 못한 일이 일어나기도 한다.

　일단 어이가 없을 정도로 저작권 의식이 없다. 얼마 전 베이징에 갔을 때 천안문광장 근처의 가게에서 DVD와 비디오테이프의 복사본을 파는 것을 보았다. 모든 제품이 해적판임에도 불구하고 뒤에서 몰래 파는 것이 아니라 앞에서 당당하게 팔고 있었다. 일본에서 아직 개봉하지 않은 최신 영화도 놓여 있었다.

베이징에 도착한 날, 밤 11시가 넘어서 근처에 있는 호텔로 식사를 하러 갔다. 식사를 다 마치고 일어날 때는 식당 영업이 끝났는지 종업원들이 모여서 TV를 보고 있었다. TV에서는 이연걸과 나카무라 시도中村獅童가 출연한, 일본에서 막 개봉한 최신작〈무인 곽원갑〉이 방영되고 있었다. 식당 종업원들은 우리를 보고는 시간이 있으면 보고 가라고 했다. 그들에게는 다른 사람의 지적 소유권을 침해하고 있다는 인식은 눈곱만큼도 찾아볼 수 없었다.

그래도 한국은 아시아 중에서 나은 편이지만, 저작권에 관한 감각은 그리 높지 않다. 특히 인터넷이 발달해서 그런지 복사에 대한 권리의식이 매우 희박하다. 미국에서는 내 곡을 사용하면 일본음악저작권협회JASRAC를 통해서 사용료를 지불하지만, 한국에서는 흐지부지되기 일쑤이다. 아직 한국음악저작권협회와 일본음악저작권협회 사이에 상호 관리계약이 체결되지 않았기 때문이다. 이것이 아시아의 한 단면이다.

그에 비해 일본은 매우 성실하다. 시스템이 잘 정비되어 있고 기술 수준도 높다. 또한 민족성 자체가 대단히 꼼꼼하고 일에 대한 경력도 존중해 준다. 일본인이 기업을 중심으로 일을 추진하기 좋은 이유가 여기에 있다. 집단으로 움직이고 약속을 잘 지키기 때문에 일본의 일하는 방식은 세계에서도 우수한 측에 들어간다.

일본인이 중국이나 한국에서 일하기란 쉽지 않다. 내게 배용준

주연의 역사 드라마 음악을 맡아 달라는 의뢰가 들어왔을 때의 일이다. 광개토대왕이라는 역사적 인물을 주인공으로 한 대하드라마로 기획되었지만, 진행 스케줄이 지연되는 바람에 전혀 앞을 내다볼 수 없었다. 그러던 중 한국에서 영화나 드라마 일을 해본 사람들에게 물으니 모두 입을 맞춘 것처럼 한결같이 한국에서는 흔히 있는 일로, 그것이 가장 힘들다고 했다. 절대로 불가능한 것처럼 보여도 어떻게든 이루어 내는 경우도 있지만 당시로서는 어떻게 될지 알 수 없는 상황이었다. 이것도 아시아에서 일할 때 발생하는 재미와 어려움 중 하나이다.

창작을 할 때의 에너지는 일본보다 주변 아시아 나라들이 훨씬 강렬하다. 작곡가로서 그런 에너지를 만날 때마다 활력을 얻고 고무되는 일이 종종 있다. 한국과 대만, 중국에서 일할 때는 비즈니스를 한다고 어중간하게 생각하지 말고 그들의 기운을 얻는 것이 목적이라고 생각하는 편이 좋다. 그리고 에너지를 받는 대가로 그들이 가지고 있지 않은 일본의 기술이나 방법론을 전달하는 것이다. 이것이 진정한 문화 교류가 아닐까.

한국이나 중국의 발전 속도를 보고 있노라면 예전의 일본을 보고 있는 듯한 느낌이 든다. 어느 정도 성숙하면 일본과 똑같은 전철을 밟을지도 모른다.

지금 일본인은 기운을 잃어버리고 정체되어 있다고 한다. 하지만 나는 일본인이 특별히 나쁘다고 여기지 않는다. 나쁜 것은 국가이고, 더구나 사회가 지나치게 성숙한 탓에 방향성을 잃어버린 것뿐이다. 메이지유신으로 리셋하고, 태평양전쟁 이후에 리셋한 일본이 이루어 낸 오늘날의 번영은 입을 다물 수 없을 만큼 굉장하다. 나는 일본인이라는 사실에 긍지를 가지고 있다.

거품경제가 무너진 이후 사회가 불안정한 것도 일본만의, 그리고 일본인만의 문제는 아니다. 똑같은 현상이 아시아에서 10년 늦게, 아니 15년 늦게 일어날 가능성이 적지 않다. 좋지 않은 선례가 있다는 사실을 알면서도 똑같은 길을 걸어가는 것이 인간의 숙명일지도 모른다.

나는 앞으로 아시아를 주제로 앨범을 만들고 싶다. 아직은 구상이 확실히 정해지지 않아서 갈팡질팡하는 단계이다. 아시아의 여러 민속악기를 사용하고 그 음악의 정수를 주입하면 어려울 것은 없다. 하지만 내가 만들고 싶은 것은 아시아의 느낌이 배어나오는 앨범이 아니다.

예전에 플라멩코의 기타리스트와 앨범을 만들려고 하다가 중단한 일이 있었다. 플라멩코의 표면적인 정수만을 받아들이는 것은 간단하지만, 그 음악의 한가운데에 흐르고 있는 전통문화에 정면으로 부딪히자 무엇을 어떻게 해야 할지 알 수 없었기 때문이다. 실제로 스페인에 가서 여기저기를 돌아다니며 온몸으로 체험할수록 더욱

곡을 만들 수 없었다. 한마디로 말해서 전통의 무게, 전통의 크기에 압도당한 것이다.

　이번 상대는 아시아이다. 그 광대한 지역에 사는 수많은 사람들과 다채로운 문화, 깊은 전통을 정면으로 바라보면 옴짝달싹 할 수 없으리라. 오히려 아시아를 떠나 뉴욕이나 런던에 가서 객관적인 시선으로 작곡하고, 녹음하는 편이 낫지 않을까? 그러나 나는 아시아의 한 사람으로 살고 있는 내 현실을 똑바로 바라보고, 내 핏속에 흐르고 있는 아시아와 아시아에 대한 마음을 표현하는 것부터 시작하려고 한다.

온리 원의
함정

 기무라 타쿠야木村拓哉가 속해 있는 일본 5인조 남성그룹 SMAP의 〈세계의 하나뿐인 꽃〉이라는 노래가 히트하면서 '온리 원only one'이라는 말이 찬사를 받게 되었다. 곡이 좋고 나쁘고를 떠나서 나는 이 유행어에 담긴 사고방식을 좋아하지 않는다. 기왕에 일할 바에야 넘버원No. one이 되고 싶은 사람인 만큼 일등이 되지 않아도 좋다는 말은 하고 싶지 않다.

 사회라는 시스템 안에서 한 단계 높은 곳을 목표로 한다면 그 궁극에 있는 것은 넘버원이다. 온리 원이면 충분하다는 사람에게는 한 조각의 향상심도 찾아볼 수 없다. 더 노골적으로 말하면 온리 원은 그 사회에서 물러서거나 탈락한다는 것을 의미한다.

"좋은 곡을 만들 수 없었습니다……."

"괜찮습니다. 최선을 다하셨잖습니까? 그것으로 충분합니다."

이런 위로는 아무리 많이 들어도 마음이 가벼워지지 않는다. 오히려 "그렇게 안이하게 생각해서 되는가?"라고 분노를 터뜨리고 싶을 정도이다. 기왕에 만들 바에야 좋은 곡을 만들고 싶다. 그렇지 않으면 작곡가로서의 생명은 눈 깜짝할 사이에 끝나게 된다.

"이 제품에는 약간의 결함이 있잖아요?"

"아뇨, 이것으로 충분합니다."

"하긴 이 제품에는 이 제품만의 장점이 있으니까요. 조심해서 사용하면 되지요 뭐."

물론 이렇게 말하는 회사는 없겠지만, 이런 회사는 결국 문을 닫게 되리라.

온리 원이라도 좋다는 것은 분명히 시대의 상황을 잘 반영한 말이다. 사회가 막다른 곳에 이르러서 폐색감이 있고, 취업률도 낮으며 하루에도 수십 개의 회사가 문을 닫는다. 온리 원이란 말은 그런 시대에 사는 젊은이들의 마음을 정확히 반영하고 있다. 하지만 말장난에 속아서 안심하고, 더 높은 목표를 향해 노력하는 일을 그만두어서는 안 된다.

회사에 다니는 도시의 샐러리맨들은 땅에 뿌리를 내리고 사는 것도 아니고, 자연 속에서 가족이나 친척과 협조해서 사는 것도 아니다. 자신의 뿌리에 대한 실감도 없고, 무엇인가를 만들어 낸다는 실감도 없다. 그런 사회 속에서 샐러리맨은 궁극적으로 무엇을 목표로 해야 하는가? 의미 있는 일인가? 그렇다면 회사에서 가장 의미 있는 일은 무엇인가? 그것은 최종 판단을 내리는 사람, 다시 말해 샐러리맨의 궁극적인 목표라고 하면 회사의 최고 경영자가 되는 것이 아닐까?

사장이 되기 위해서는 어떻게 해야 할까? 입만 열면 상사의 험담을 하며 "나는 지금이 가장 좋다"라고 헛소리를 해서는 안 된다. 가끔은 그래도 상관없지만 그런 상태에서 삶을 마치는 것은 너무도 허무하지 않은가?

기왕에 회사라는 시스템 안으로 들어갔다면 남녀에 관계없이 사장이 되는 것을 목표로 해야 한다. 최선을 다해 일한 끝에 "목표는 사장이었지만 과장에 머물렀군" 하는 것은 나쁘지 않다. 적어도 그 사람의 인생은 의미가 있다. 그런데 처음부터 출세에 신경 쓰지 않는다면 무엇을 위해 회사에 들어가고, 무엇을 위해 인생을 살아왔는지 모르지 않는가! 만약 내가 샐러리맨이었다면 반드시 사장이 되겠다고 맹세했으리라. 그리고 그렇게 되기 위해서 어떻게 해야 할지 생각했으리라. 샐러리맨이 가장 머리를 써야 할 것은 바로 그것이다.

어느 정도 경험을 쌓은 후 "이 회사는 틀렸다. 윗사람들이 너무 한심하다"라고 판단되면 그때 직접 회사를 차려도 늦지 않다. 모든 사람들이 "천하를 거머쥐겠다!"라는 신념을 가지고 일하면 확실히 사회에는 기운이 넘치게 된다.

"항상 위쪽을 쳐다보며 살아라!"

그것은 입으로 말하는 것만큼 간단하지도 않고 멋있지도 않지만, 회사에 다니는 도시의 샐러리맨이라면 그렇게 해야 한다. 단, 그런 시스템 안에서 살고 싶지 않다면 그것도 좋다. 시시한 경쟁에 휘말리지 않고, 자신의 농장에서 자급자족에 가까운 생활을 하며 자신의 세계를 확실히 만들면 된다.

온리 원이라는 말은 분명히 현실을 반영한 단어이다. 원래 말의 힘과 사회적 영향력은 깊은 상관관계를 가지고 있다. 특히 노래 가사는 그렇다. 노래 가사가 시대의 분위기에 맞으면 그 순간 그 노래는 큰 인기를 얻어 히트곡이 된다.

개인적으로는 "무슨 노래가 이래? 정말 한심하기 짝이 없군" 하는 노래라도 히트곡에는 귀를 기울여야 한다. 주관적인 취향으로 판단하지 말고, 다른 사람들이 왜 그것을 받아들이는지 주목해야 한다. 그러면 지금이라는 시대의 공기가 보일 것이다.

나는
끊임없이
새로워지고 싶다

　나는 이 시대를 살아가는 작곡가로서 의미 있는 표현을 하고 싶다. 팝과 클래식, 재즈, 민족음악 등 여러 음악을 기초로, 장르에 구애받지 않고 최대한 '오늘'이라는 것을 표현하고 싶다. 단, 오늘만을 표현하면 다음 시대에는 낡은 음악이 되어 버린다. 그 시대에 일시적으로 받아들이는 것은 세상에 흔하지만, 정말로 좋은 곡은 시대를 초월해서 많은 사람들이 듣게 된다. 즉시 사라지지 않고 오랫동안 사람들의 마음에 남는 것이다.

　나는 예전에 현대음악인 미니멀 뮤직을 추구했다. 그리고 이 시대를 살아가는 작곡자로서 사람들이 쉽게 이해할 수 없는 현대음악을 그만두고 많은 사람들이 친근하게 접할 수 있는 음악을 만들기 위해 노력해 왔다. 최근 들어 사람들이 가장 좋아하는 것은 무엇인지, 사람들에게 가장 도움이 되는 것은 무엇인지 새삼스레 생각하곤 한다. 그러자 지난 25년간, 현대음악을 만들지 않았다는 것에 생각이 미쳤다.

입으로는 장르에 구애받지 않겠다고 하면서 현대음악을 그만두었다는 것 자체가 장르에 구애받는 것이 아닐까? 나의 예술적 뿌리에 강한 영향을 끼친 현대음악을 봉인한 채 내버려 두어서는 안 된다. 나는 결국 필립 그라스나 마이클 니만처럼 영화음악뿐 아니라 미니멀 뮤직을 만들고 싶다는 결론에 이르렀다.

일본의 현대음악은 아직 다케미쓰 도루武滿徹(일본의 작곡가이자 음악평론가. 서구 고전음악에 동양 전통악기의 음향을 결합시킨 작품들을 통해 세계적 명성을 얻었다. 대표작으로 〈현을 위한 레퀴엠〉 등이 있다)의 아류에서 벗어나지 못하고 있다. 그만큼 다케미쓰 도루의 존재가 크고 위대하다는 뜻도 되지만, 그가 세상을 떠난 지 20년이 지났다는 것을 감안하면 일본의 현대음악계가 너무 조악하다는 뜻이리라. 그런 상황에 돌맹이 하나를 던지고 싶은 마음도 있다.

얼마 전에 집에서 짐을 정리하다 우연히 예전에 런던에서 샀던 LP 레코드를 발견했다. 앤드류 포피Andrew Poppy라는 작곡가의 앨범이었다. 나는 그 앨범을 샀다는 사실조차 까맣게 잊고 있었는데, 오랜만에 다시 들어 보고 커다란 충격을 받았다. 미니멀 뮤직이 근간에 깔려 있으면서도 리듬은 완전히 록이었다. 더구나 앤드류 포피만의 독특한 독창성도 느낄 수 있었다. 나도 이런 독자적인 세계를 만들고 싶었다. 예전에는 양쪽 세계를 다 할 수 없다는 이유로 미니멀 뮤직을 봉인했지만, 지금이라면 할 수 있지 않을까?

팝으로 단련한 감각과 미니멀 뮤직의 작품을 융합시켜 어떻게 사람들의 마음속에서 지적이고 자극적인 흥분을 유발하느냐? 이것이 앞으로 내 과제가 될 것이다. 물론 사람들이 쉽게 이해할 수 있는 음악이어야 하리라. 마지막에는 무엇과 무엇을 융합한 음악이 아니라 어떠한 장르에도 속하지 않고 더구나 리얼리티가 있으며 모든 사람들을 위한 음악에 도달할 수 있다면 얼마나 좋을까?

나는 어쨌든 계속 곡을 만들고 싶다. 주위 사람들이 하나둘씩 쓰러지더라도, 그들의 시체를 뛰어넘으면서라도 좋은 곡을 쓰기 위해 매진하는 것이 작곡가의 진정한 자세라고 생각한다. 붙임성도 좋고 남의 말도 잘 들으며, 자애에 가득 차고 매일의 은혜에 감사하는 사람. 그러면서도 좋은 곡을 쓸 수 있는 성인군자는 도저히 될 수 없을 것 같다. 좋은 사람이 되고 싶다는 마음이 없는 것은 아니지만, 좋은 사람이 되는 것과 좋은 곡을 만드는 것 중에서 하나를 선택하라고 하면 나는 잠시도 망설이지 않고 좋은 곡을 만드는 쪽을 선택할 것이다.

내 나이 올해 예순여섯 살. 시간이 남아도는 나이는 아니다. 언젠가는 시대의 바람과 맞지 않는 때가 올 것이다. 빠르냐 늦느냐의 차이가 있을지는 모르지만 반드시 찾아올 것이다. 그때 어떻게 처신할지, 또한 그곳에 도착하기 전에 나 자신을 어떻게 변혁할지 생각한다. 언젠가 그런 때가 올 것을 각오하고 마음의 준비를 해야 하는 나이에 접어든 것이다.

40대 후반에는 그런 생각을 하는 것 자체가 두려웠다. 사람들이 히사이시 조라는 작곡가를 필요로 하지 않는 날이 올까 봐 두려웠던 것이다. 그래서 50세가 되면 깨끗하게 은퇴하기로 마음먹었다. 아무도 원하지 않는데 미련스럽게 계속할 바에야 스스로 그만두는 편이 깨끗하지 않은가? 나는 그 경계점을 50세로 생각했다. 하지만 실제로 그 나이가 되어 보니 당치도 않다.

"말도 안 돼! 내가 이대로 물러설 줄 알아? 아직 할 일이 얼마나 많은지 아느냐고!"

이런 생각이 마음 깊은 곳에서 불끈불끈 솟구쳤다. 지금은 아무리 나이를 먹더라도 창작을 그만두는 일은 없으리라고 생각한다. 나는 평생 곡을 만드는 창작자이고 싶다. 시대의 바람에 맞는 작품을 만들기는 어려워도, 내 마음속에 '창조의 샘'을 가지고 있으면 만들고 싶은 작품을 계속 만들 수 있을 것이다. 음악에서는 아무리 작은 곡이라도 완성이란 말이 있을 수 없다.

피카소는 90세까지 계속 현역으로 활동했다. 그는 끊임없이 스타일을 바꾸는 것으로 유명했는데, 그 이유는 어제와 조금이라도 달라지고 싶었기 때문이었다고 한다. 피카소처럼 나이를 먹어도 계속 스타일을 바꾸면서 평생 현역으로 살아가는 것, 이것은 모든 예술가의 이상이 아닐까?

만약 살아 있을 수 있다면 나도 90세가 되어도 작곡을 그만두지 않으리라.

새로운 것을 흡수한다는 말은 잃어버리는 것을 의식한다는 말이기도 하다. 어제의 나보다 오늘의 나를 위해, 오늘의 나보다 내일의 나를 위해, 또한 조금이라도 좋은 곡을 쓰기 위해 나는 끊임없이 새로워지고 싶다.

아우름 11

나는 매일
감동을 만나고 싶다

1판 1쇄 발행 2016년 5월 10일
1판 9쇄 발행 2023년 10월 23일

지은이 히사이시 조
옮긴이 이선희
펴낸이 김성구

콘텐츠본부 고혁 조은아 김초록 이은주 김지용
디자인 이영민
마케팅부 송영우 어찬 김지희 김하은
관리 김지원 안웅기

표지 패턴 NOSTRESS 민유경

펴낸곳 ㈜샘터사
등 록 2001년 10월 15일 제1-2923호
주 소 서울시 종로구 창경궁로35길 26 2층 (03076)
전 화 1877-8941 **팩스** 02-3672-1873
이메일 book@isamtoh.com **홈페이지** www.isamtoh.com

한국어 판권 ⓒ ㈜샘터사, 2016, Printed in Korea.

이 책은 저작권법에 따라 보호를 받는 저작물이므로 무단 전재와 복제를 금지하며,
이 책의 내용 전부 또는 일부를 이용하려면 반드시 저작권자와 ㈜샘터사의 서면 동의를 받아야 합니다.

ISBN 978-89-464-2027-4 04670
ISBN 978-89-464-1885-1 04080(세트)

값은 뒤표지에 있습니다.
잘못 만들어진 책은 구입처에서 교환해드립니다.